Für die Herren de Saussure, Paccard, Balmat und Bourrit

MONT BLANC
CHAMONIX
COURMAYEUR
dargestellt auf alten Stichen

HERAUSGEBER:
© 1985, Priuli & Verlucca
C.P. 245 / 10015 Ivrea (Italien)

VERTRIEB DER DEUTSCHEN AUSGABE:
Kümmerly + Frey,
Geographischer Verlag, Bern

ÜBERSETZUNG AUS DEM ITALIENISCHEN:
Ursula Bill

Alle Rechte für das ganze Land vorbehalten.
Es ist nicht gestattet, das Buch oder Teile
daraus zu übersetzen, neu zu bearbeiten
oder durch irgendein Verfahren
(Photographien und Mikrofilme inbegriffen) zu vervielfältigen.

DRUCK:
September 1985
Buchdruckerei Ferrero / Romano Canavese (Turin)

FARBREPRODUKTIONEN:
Seleoffset / Settimo Torinese

PHOTOSATZ:
Lithocomp / Settimo Torinese

BINDUNG:
Buchbinderei Piergiovanni Baldissone / Caresanablot (Vercelli)

FARBTAFELN:
reproduziert durch Fotocolors, ausgeführt von
Attilio Boccazzi-Varotto / Turin
aus den
Privatsammlungen der Landesbibliothek des Italienischen Alpenclubs / Turin
und des Alpinen Museums / Chamonix-Mont-Blanc
ausgenommen sind die Tafeln 24, 25, 29, 30, 32, 33, 34, 35,
38, 45, 46, 47, 48, 49, 50, 54, 62, 63, 117, 165, 199 und 257,
photographiert von
Denis Rigault / Annecy
aus der
Sammlung Payot
Besitz des Départements Haute-Savoie,
im Museum für Kunst und Geschichte / Annecy

Dieses Buch wurde hergestellt unter der Gesamtleitung des

CLUB DES EDITEURS DES ALPES

Priuli & Verlucca, Editori / Pavone Canavese (Ivrea)
Editions Glénat / Grenoble
Kümmerly + Frey / Bern

MONT BLANC
CHAMONIX COURMAYEUR
dargestellt auf alten Stichen

zusammengestellt von
Gherardo Priuli und Patrizia Garin

KÜMMERLY+FREY

Nur dank der Mithilfe von Einzelpersonen und Institutionen, welche uns Unterlagen und wertvolle Informationen zur Verfügung gestellt haben, konnte dieses Buch überhaupt entstehen. Unser tiefempfundener Dank gebührt daher: Laura und Dr. Giorgio Aliprandi, Mailand; Pierre-Jean Dubosson, Generalsekretär des Rates für Architektur, Städtebau und Umweltgestaltung von Haute-Savoie, Annecy; Prof. Michele Falzone del Barbarò, Turin; Prof. Enrico Filippi, Turin; Dr. Anton Gattlen, Direktor der Kantonsbibliothek von Sitten; Leo Garin, Entrèves Courmayeur; Pierre L. Huot, Verantwortlicher für die Sammlung Payot des Museums für Kunst und Geschichte von Haute-Savoie, Annecy; Ing. Carlo Marcoz, Aosta; Domenico Mottinelli von der Landesbibliothek des Italienischen Alpenclubs, Turin; Museum für Kunst und Geschichte, Genf; Efisio Noussan, Aosta; Bernard Péllarin, Präsident des Departementsrates von Haute-Savoie; Pheljna, Kunstverlag, Entrèves/Ivrea; Ing. Fulgido Pomella, Ivrea; Arch. Domenico Prola, Oberaufsichtsrat für Kulturgüter, Aosta; Thérèse Robache und René Simond, Alpines Museum von Chamonix; Gebrüder Soave, Antiquariat, Turin; Fred Strasser, Galerie Grand-rue, Genf.

Die Idee zu diesem Buch war im Jahre 1981 entstanden. Als wir erstmals die berühmtesten Stiche (von welchen man die Standorte kannte) verglichen hatten, sahen wir die Schwierigkeiten, die auf uns zukamen, bereits klar vor uns. Die Schlußfolgerung konnte in der Tat gezogen werden: Noch nie war ein Berg dermaßen verehrt und so häufig abgebildet worden wie der Mont-Blanc.

Bereits vor der Erstbesteigung am 8. August 1786 (dieses Buch wird also anläßlich der Zweihundertjahrfeier erscheinen) hatte der Mont-Blanc Reisende, Gebildete und Künstler in seinen Bann gezogen. Das Buch des Genfers Pierre Martel «An account of the glaciers or ice Alps of Savoy» (London, 1744) löste eine regelrechte Modewelle des Mont-Blanc-Tourismus aus. Er beschrieb die Reise der Engländer William Windham und Richard Pococke, welche die beiden von seiner Heimatstadt aus bis nach Montenvers führte. Erstmals wurden einem breiten Publikum die Wunder des Tals von Chamonix enthüllt. Nebenbei sei noch erwähnt, daß in diesem Buch zum ersten Mal der Name «Mont-Blanc» genannt wurde; er löste die früheren Benennungen «Alpes Chenus», «Alpes Cornues», «Mont Maudit» und «Mont Mallet» ab.

Nach der geglückten Besteigung durch den jungen Arzt Michel-Gabriel Paccard und den Bergführer Jacques Balmat (der fortan durch einen königlichen Erlaß den Übernamen «Mont-Blanc» trug) und nach der darauffolgenden, außerordentlich bekannten und ruhmreichen Besteigung durch Horace-Bénédict de Saussure konnte man behaupten, daß dieser Berg und damit das ganze Gebiet weltweit berühmt und zu einer touristischen Attraktion wurde. Denken wir nur daran, daß bereits um 1850 in Chamonix «Souvenirs» genannte Alben, Vorläufer der heutigen Sammelmappen, verkauft wurden. Diese von bekannten Künstlern stammenden und qualitativ hochstehenden Landschaftslithographien wurden außerdem in Paris und in der nahen Schweiz gedruckt. Die Auflageziffer war für diese Zeit erstaunlich hoch.

Berufs- und Amateurmaler verbrachten ihre Ferien am Fuße des Massivs. Sie brachten entweder ausgezeichnete oder eher bescheidene Gemälde nach Hause, von denen gleichwohl jedes mit einem gewissen Zauber behaftet war. Der Alpinismus, der das Leben der Talbewohner in zunehmendem Maße bestimmte, entwickelte sich sehr schnell und auf eine bemerkenswerte Art und Weise. Begeisterte Berggänger aus allen Teilen der Welt fühlten sich angezogen. Zeichenalben, Tagebücher und lose Blätter — Epiloge des Abenteuers entstanden.

Noch während wir das ansehnliche Material zusammentrugen, wurde ersichtlich, daß wir eine strenge Auswahl zu treffen hatten. Innerhalb der auf solche Weise festgesetzten Grenzen suchten wir, mehr in die Tiefe zu gehen.

Unsere Wahl fiel nun auf die vorliegenden Stiche: Es handelt sich entweder um Illustrationen zeitgenössischer Bücher oder um Blätter wichtiger Sammlungen. Die von uns festgesetzte Zeitspanne reicht vom Ende des 17. Jahrhunderts (Karte von Borgonio, 1680, eine gegliederte, wenn auch nicht ganz der Realität entsprechende Darstellung des Massivs) bis zum Ende des 19. Jahrhunderts. Aber ohne Hilfe von Privaten und öffentlichen Institutionen wären unsere Nachforschungen nicht möglich gewesen. Ihnen gebührt unser aufrichtiger Dank.

Die Katalogisierung des gesammelten Materials (es ist dies — wie die Kenner wissen — der zugleich heikelste als auch faszinierendste Moment) bereitete uns einige Schwierigkeiten. Eventuelle Ungenauigkeiten und somit Fehler möge man uns verzeihen. Anmerkungen, Berichtigungen und Empfehlungen sind willkommen.

Diese erste Auflage kann in der Tat nicht vollständig und absolut korrekt sein; sie ist vielmehr eine erste verliebte Huldigung an eine einmalige Epoche der Abenteurer und Pioniere und an den Zauber des höchsten Berges Europas. Wir hoffen aber, daß Wissenschaftler und Kenner der Materie, angeregt durch die Lektüre des vorliegenden Buches, uns Korrekturen und Ergänzungen für spätere Ausgaben zukommen lassen.

Die folgenden Ausführungen sollen einen Einblick in die Methodik geben, die wir angewandt haben, um das Material für den vorliegenden Band zusammenzustellen. Es war nicht möglich, alle Stiche, die wir in den von uns durchgesehenen Publikationen fanden, abzudrucken. Einige davon schienen uns vom graphisch-ästhetischen Standpunkt aus nicht angemessen, andere waren schon so oft reproduziert worden, daß wir auf sie verzichteten. Die richtige Auswahl war nicht leicht zu treffen — stand uns doch Material in Hülle und Fülle zur Verfügung. Fehlentscheide und Lücken sind natürlich nicht auszuschließen.

Einige Stiche sind mehrere Male abgedruckt — vgl. Nrn. 36 — 37; 191 — 311 — 379 (angeschnitten); 186 — 312 — 381 (angeschnitten). Es handelt sich jedoch nicht um identische Publikationen: Zu dieser Zeit war es nicht unüblich, daß Verleger verschiedener Nationen untereinander Stiche austauschten (ob dies auf legalem Weg geschah oder nicht, bleibe dahingestellt). Deshalb tragen die Werke nicht immer die gleiche Unterschrift und manchmal fehlt sogar der Name des Künstlers. Im übrigen nahmen die Graveure oft Gemälde als Vorlage (in den letzten Jahren des 19. Jahrhunderts waren es auch Photographien). Als Beispiel kann hier die Gegenüberstellung von Bleulers Gouache auf Seite 17 und des Stichs Nr. 432 dienen.

Obwohl die Illustrationen 32, 33, 36, 52, 170, 171, 267, 350 und 353 unser Thema nur am Rand berühren, haben wir sie veröffentlicht. Dem Betrachter soll so ein Einblick in das Leben, die Gebräuche und Sitten der Leute gewährt werden, die damals am Fuße des Alpenmassivs wohnten.

Die ausgewählten Panoramen sollten es gestatten, die unterschiedlichen künstlerischen Auffassungen durch die Jahrhunderte zu verfolgen. Ausnahmen stellen einige Karten des 18. Jahrhunderts dar: Diese sind eher graphische Kunstwerke als topographische Dokumente.

Die Ordnung ist chronologisch. Das Entstehungsjahr kann jedoch nur selten angegeben werden. Daher haben wir uns für ein besonderes System entschieden: Konnten wir das Werk bis auf zwei oder drei Jahre (+/−) zeitlich einordnen, habe wir das Zeichen ~ vor die Jahreszahl gesetzt. War uns keine so genaue Angabe möglich, benutzten wir eines der drei folgenden Symbole:

◆ 1780–1820 / ■ 1840–1860 / ● nach 1870

Der Leser wird sich so besser orientieren und der Entwicklung der Stile und Techniken leichter folgen können.

Die Angaben zu den Illustrationen (sie können Fehler des Künstlers selber enthalten) sind nach einem logischen Schema verfaßt worden, das im folgenden erklärt wird. Als Beispiel analysieren wir die Nummer 385:

385.[20] 1864. *Benoist Félix.* **La Mer de Glace. Vue de la Flégère. (Dép.t de la H.te Savoie).** / Nice et Savoie. / Nantes, lith. Charpentier, Edit-Paris, quai des Augustins, 55. / Félix Benoist del. Sabatier lith. Fig. par J. Gaildrau. [255x316].

---

385.   Nummer des Werkes.

[20]   Verweis auf die Bibliographie (Seite 361—366). Ist das Werk in mehreren Publikationen enthalten und im vorliegenden Band nur einmal abgedruckt, so erscheinen zwischen den eckigen Klammern mehrere Nummern.

1864.   Druckjahr des Stichs oder des Buches, dem das Werk entnommen wurde (vgl. Bibliographie).

Benoist Félix.   Nachname und Vorname des Künstlers, dem das Werk zugeschrieben wird.

La Mer de Glace. Vue de la Flégère. (Dép.t de la H.te Savoie).   Originaltitel des Stiches. Er ist meistens auf dem Werk selber vermerkt und wird genauso wiedergegeben (Fehler und Ungenauigkeiten wurden nicht korrigiert).

/ Nice et Savoie. / Nantes, lith. Charpentier, Edit-Paris, quai des Augustins, 55. / Félix Benoist del. Sabatier lith. Fig. par J. Gaildrau.   Beschriftung in gleicher Anordnung, wie sie auf dem Stich selber erscheint. Was innerhalb von Schrägstrichen (/) steht, gehört sinngemäß enger zusammen.

[225x316].   Format des Stichs, ohne Schrift und Ränder, in mm (Höhe x Breite). Sind nur Ausschnitte reproduziert, beziehen sich die Maße auf das ganze Bild.

Es kommt vor, daß wir bei einem Stich nicht alle der eben erläuterten Elemente aufführen konnten, weil die nötigen Angaben auf dem Original fehlen.

Unten auf der Seite findet sich in kleinerer Schrift die jeweilige bibliographische Quellenangabe; sie entspricht der Ziffer in eckigen Klammern, die in der zugehörigen Bildlegende hinter der fortlaufenden Nummer steht.

In einigen Fällen haben wir die Angaben gar nicht wiedergegeben, da sie — dank der photomechanischen Reproduktion — auf dem Stich selber gut lesbar sind.

Die Bibliographie, die Kurzbiographien der Illustratoren, Stecher, Verleger und Drucker, das Verzeichnis der Techniken sowie den Index findet der Leser auf den letzten Seiten des vorliegenden Bandes.

Auf den folgenden Seiten sind Temperamalereien, Gouachen und andere zeitgenössische Werke reproduziert. Dadurch soll ein Vergleich zwischen diesen Techniken und den davon so verschiedenen des Stechens, Lithographierens und Holzschneidens ermöglicht werden.

Dieses Buch ist allen Sammlern — seien sie nun im großen oder im kleinen Rahmen tätig — und im besonderen dem verstorbenen Paul Payot aus Chamonix gewidmet. Dank ihren oft hartnäckigen Nachforschungen konnten die ikonographischen Kenntnisse bedeutend erweitert werden. Ohne sie hätten wir das Material für dieses Buch nie zusammentragen können.

Die Autoren.

[56] 1775. *Dunker.* Darstellung eines Gletschers der Mont-Blanc-Gruppe. Dunker inv. et sc. 1775. F. [58x70].

1444.   *Witz Konrad.* **Der wunderbare Fischzug.** Wahrscheinlich das erste Gemälde, auf dem eine klare Darstellung der Mont-Blanc-Gruppe erscheint.

16

Links, oben. **La source de l'Arveyron:** Gouache, der Schule von Bleuler zugeschrieben, Ende 18. Jh.

Links, unten. Porträt der **Marie Mugnier,** in der Tracht von Chamonix: Aquarell von Louis François d'Albert-Durande, gegen 1830.

Oben. **Chamonix et ses environs:** Gouache von Louis Bleuler, Ende 18. Jh.

Links, oben. **H.B. DE SAUSSURE des Academies Royales des Sciences de Paris, Londres, Turin, Stockholm, & c. / Au flambeau du Génie empruntant son ardeur, Jusqu'en son Sanctuaire il surprit la nature; Et le Mont-Blanc forcé de connoitre un vainqueur Éternise la Gloire et le Nom de Saussure / B.:** Ende 18. Jh.

Links, unten. **Cachat dit le Géant / Guide de Mr. de Saussure à son ascension au Col du Géant:** Ch. Weibel, Ende 18. Jh.

Rechts, oben. **Mont Blanc from the Allee Veni on the Italian Side...:** Aquarell von Bishop Fisher, Salisbury, um 1786.

Rechts, unten. **Mont Blanc from the top of the Breven...:** Aquarell von Bishop Fisher, Salisbury, 1786.

DIE ALTEN STICHE

1. 1680. *Borgonio Giovanni Tommaso.* Ausschnitt aus der **Carta geografica degli Stati Sardi di Terraferma,** die unter dem Namen «Madama Reale» läuft (Madama Reale war die zweite Ehefrau von Karl Emanuel II., Herzog von Savoyen). [2120x1760].

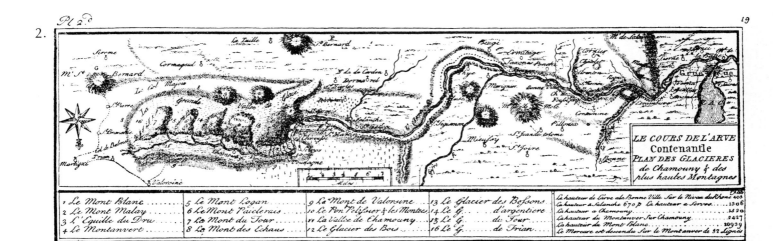
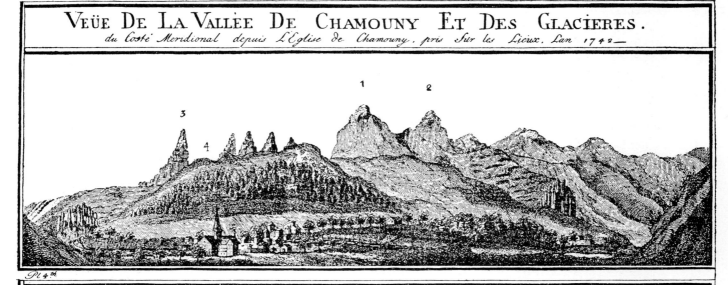

2. **Martel:** An account of the glaciers or ice Alps in Savoy.
3. **Grouner:** Historie naturelle des glacieres de Suisse.

2.[75] 1744. *Martel Pierre.* **LE COURS DE L'ARVE contenant le PLAN DES GLACIERES de Chamouny & des plus hautes Montagnes / VEÜE DE LA VALLÉE DE CHAMOUNY ET DES GLACIERES du Costé Meridional depuis l'Eglise de Chamouny, pris sur les Lieux, Lan 1742 / DIVERS ANIMAUX QUI ABITENT LES MONTAGNES** / P. Martel Delin. [259x220]. Erster bekannter Stich, in dem die Bezeichnung «Mont-Blanc» erscheint.

3.[54] 1770. *Zingg A.* **Elle représente l'amas de Faucigny. 1 Le village de Chamouny. 2 Le Montanvert. 3 L'amas de glace. 4 L'aiguille du Dru. 5 L'aiguille du mont Mallet. 6 Le mont blanc, ou montagnes maudites. 7 Chemin du val Orsine.** / Gezeichnet und Gegraben von A. Zing / XIII. (125x160).

4.

Vuë de la Vallée de Chamouni de dessus le Glacier des Bossons

4. 1772. *Stagnoni Jacopo*. Ausschnitt aus **Carta degli Stati Sardi di Terraferma.** Umarbeitung der unter Nr. 1 genannten Karte mit einer genaueren Eintragung der Mont-Blanc-Gruppe. [2000x2520].

5.[25] 1773. *Bourrit Marc-Théodore*. **Vuë de la Vallée de Chamouni de dessus le Glacier des Bossons** / Bourrit s. [95x120].

5./7. Bourrit: Description des glacieres, glacier & amas de glace du Duché du Savoye.

6.

aspect de la Vallée de glace du Sommet du Montanvert. Cette vue sera naturelle dans le Miroir.   Bourrit.

7.

Mur de Glace pure du Glacier des Bossons Page 78.   Bourrit. S.

6.[25] 1773. *Bourrit Marc-Théodore.* **Aspect de la Vallée de Glace du Somêt du Montanvert. Cette vuë sera naturelle dans le Miroir.** / Bourrit. [94x122].

7.[25] 1773. *Bourrit Marc-Théodore.* **Mur de Glace pure du Glacier de Bossons** / Bourrit s. [120x92].

8. 1780. *Hackert Karl-Ludwig.* **Vue de la Vallée de Chamouny prise près d'Argentière** / A Genève, chez Marc Chapuis Francillon M.d de Fableaux & c. [345x460].

Vue de la côte O[...]

A. Boisy. B. Dents d'Oche. C. Voirons. D. Buet. E. Aiguille d'Argentiere. F. Mole. G. Aiguilles de [...]

9./11. De Saussure: Voyages dans les Alpes.

9.[88] 1780. *Bourrit Marc-Théodore.* **Vue de la côte Orientale du Lac de Genéve. A. Boisy. B. Dents d'Oche. C. Voirons. D. Buet. E. Aiguille d'Argentiere. F. Mole. G. Aiguilles de Chamouni. H. Mont Blanc. I. Mont Vergi. K. Petite Saleve. L. Grand Saleve. M. Croisette. N. Genéve. O. Piton.** / Tome I / Pl. I / M.T. Bourrit Delin. / C.G. Geissler sculpsit. [135x420].

Vue de l'Aiguille des Charmoz au dessus de Montanvert da

10.[88] 1780. *Bourrit Marc-Théodore.* **Vue de l'Aiguille des Charmoz au dessus de Montanvert dans la Vallée de Chamouni.** / Tome I / Pl. V. / T. Bourrit pinxit. / C.G. Geissler Sculpsit. [233x364].

11.

Tome I.   Pl. VI.   Pl. VII.

Bourrit pinxit.   Vue de l'Aiguille du Midi située au N.E. du Montblanc.   Vue de l'Aiguille de Bellaval, située au S.O. du Mont Blanc   C. G. Geissler Sculpsit

13.
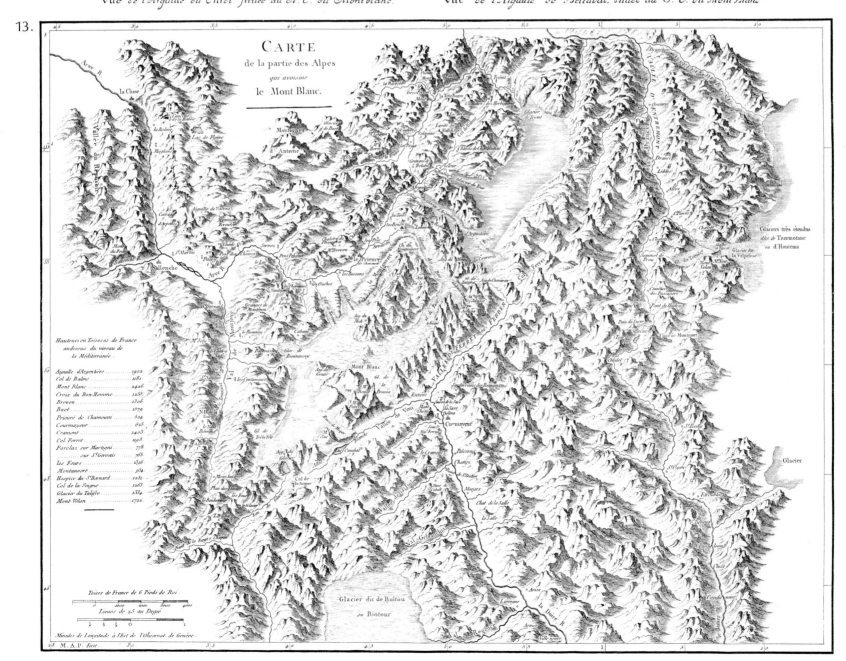

11.[88] 1780. *Bourrit Marc-Théodore.* **Vue de l'Aiguille du Midi située au N.E. du Montblanc / Vue de l'Aiguille de Bellaval située au S.O. du Mont Blanc** / Tome I. / Pl. VI / Pl. VII. / T. Bourrit pinxit / C.G. Geissler Sculpsit. [232x397].

12. 1782. *Hackert Karl-Ludwig.* **Vue de la Mer de Glace et de l'Hôpital de Blair, du Sommet du Montanvert dans le mois d'aoust 1781. Carl Hackert 1782.** [346x460].

13.[89] 1786. *Pictet M.A.* **Carte de la partie des Alpes qui avoisine le Mont Blanc.** / M.P.A. Fecit. [410x495].

13./17. De Saussure: Voyages dans les Alpes.

Bourrit pinxit

Montagnes qui bordent au Sud-
A. aiguille de Blaitière. B. aiguille du Plan

14.[89] 1786. *Bourrit Marc-Théodore.* **Montagnes qui bordent au Sud-Est la Vallée de Chamouni. A. aiguille de Blaitiére. B. aiguille du Plan. C. aiguille du Midi.** / Pl. 1ere / Bourrit pinxit / Wexelberg sc. [207x350].

15.[89] 1786. **Profil du Mont-Blanc et des Montagnes qui bordent l'Allée-Blanche prise de la Vallée de Ferret** / Pl. IV / A. Töpffer Sculp. Geneve 1785. [222x385].

15.

Profil du Mont-Blanc et des Monta[gnes] pris de la Va[llée]

...ui bordent l'Allée-Blanche
...e Ferret

16.

Vue du Glacier de la Brenva.

17.
a b c d e f g h

Le Mont-Blanc vu en face du côté de l'Allée-Blanche

16.[89] 1786. **Vue du Glacier de la Brenva** / Pl. III. / Töpffer Sculpsit. [215x337].

17.[89] 1786. *Bourrit Marc-Théodore.* **Le Mont-Blanc vu en face du côté de l'Allée-Blanche** / Pl. V. / Bourit del. / Adam Töpffer Sculp. [95x303].

18.[17] 1787. *Beaumont Albanis.* **La Mer de Glace.** [233x318].

18./19. Beaumont: Voyages pittoresque aux Alpes Pennines.

19.

19.[17] 1787. *Beaumont Albanis.* **Vue de la Chute de la Mer de Glace.** [240x320].

20. 1788. *Bacler d'Albe Louis-Albert-Ghislain.* **Jacque Balma dit le Mont-Blanc.** / a Basle chez Chr: de Mechel. [207x165].

21. 1788. *Bacler d'Albe Louis-Albert-Ghislain.* **Michel Gabriel Pacard. Docteur en Medecine a Chamouni en Savoie.** / B.er D'albe pinxit. / Bacler D'albe 1788. [207x165].

22. ~1788. *Lévêque Henri.* **Jacques Balma dit Mont-Blanc.** [222x165].

23.[39] 1789. **Mont Blanc and the Adjacent Alps.** / W. Palmer Sculp. Islington. / Published as the Act directs Jan.y 26, 1789 by T. Cadell, Strand. [404x495].

23. Coxe: Travels in Switzerland.

20.

21.

22.

43

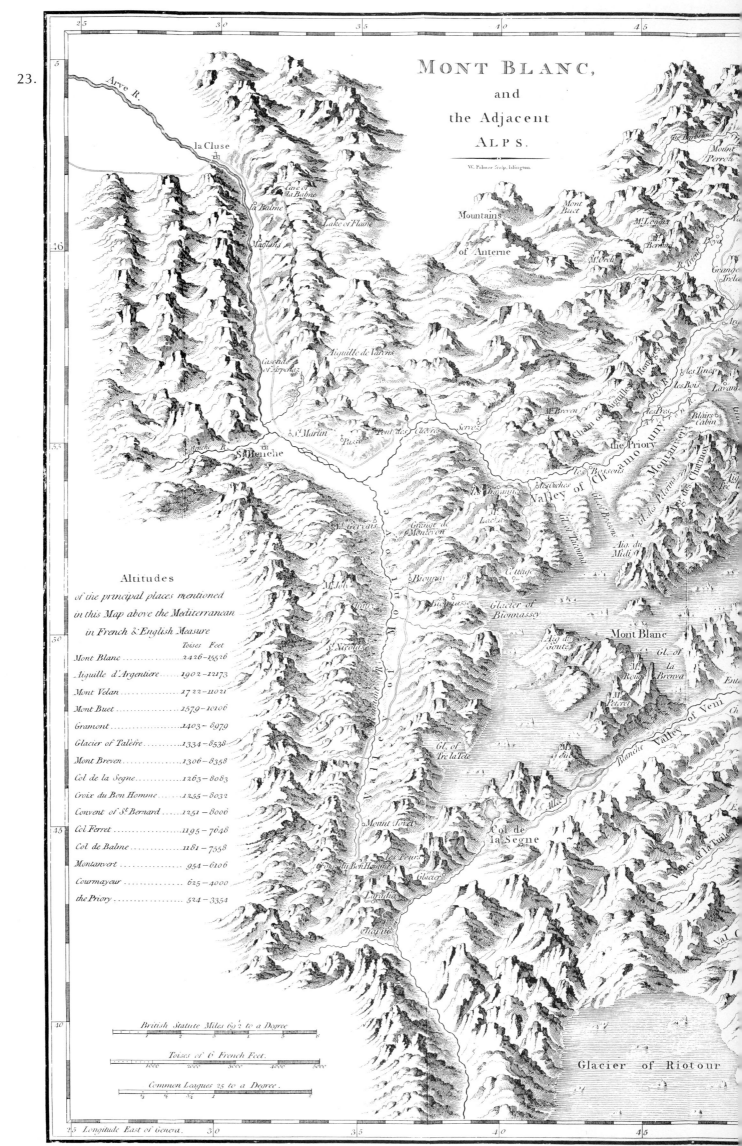

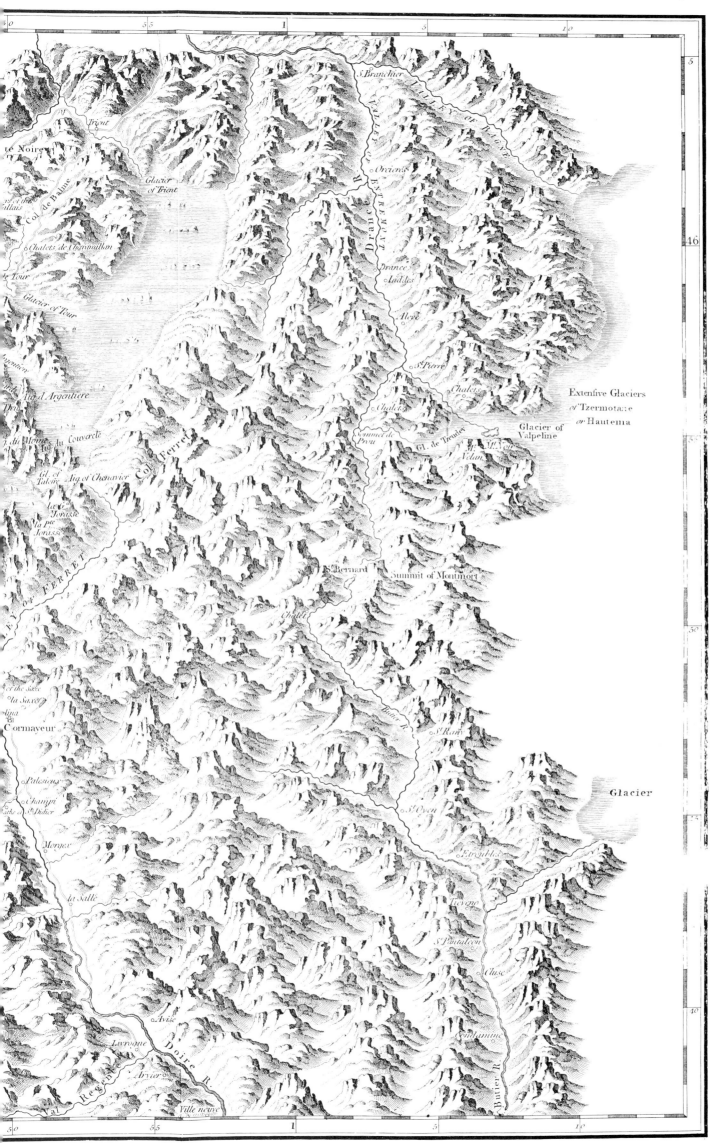

24.

24. 1790. *Wocher Marquart.* **Voyage de M.r. de Saussure à la Cime du Mont-Blanc au mois d'août MDCCLXXXVII. I.re Planche / Ce Célèbre Physicien Genevois, accompagné de l'Intrépide Jacques Balmat, dit le Mont-Blanc, et de dix-sept autres Guides, monte cette fameuse Montagne, et après une marche pénible et dangereuse, qui dura 18 heures, il en atteint la cime, élevée de 2450 toises environ au-dessus de la mer.** / Publié par Ch. de Méchel, en 1790, et se trouve chez lui a Basle. [343x457].

25. 1790. *Wocher Marquart.* **Voyage de M.r. de Saussure à la Cime du Mont-Blanc au mois d'août MDCCLXXXVII. I.re Planche / Ce Célèbre Physicien Genevois, accompagné de l'Intrépide Jacques Balmat, dit le Mont-Blanc, et de dix-sept autres Guides, monte cette fameuse Montagne, et après une marche pénible et dangereuse, qui dura 18 heures, il en atteint la cime, élevée de 2450 toises environ au-dessus de la mer.** / Publié par Ch. de Méchel, en 1790, et se trouve chez lui a Basle. [343x457].

Zweite, bekanntere Version von Nr. 24, auf der de Saussure weniger dick und mit stolzerer Miene dargestellt ist.

26.

26. 1790. *Wocher Marquart.* **Voyage de M.r de Saussure à la Cime du Mont-Blanc au mois d'août MDCCLXXXVII. II.-me Planche / Ce Célèbre Physicien Genevois descend le Mont-Blanc avec l'Intrepide Jacques Balmat, dit le Mont-Blanc, et ses autres Guides, après avoir fait, le 3 Août, sur la Cime élevée de cette fameuse Montagne diverses observations et expériences intéressantes, qui se trouvent détaillées dans le 3ème Volume de ses Voyages.** / Publié par Ch. de Méchel, en 1790, et se trouve chez lui a Basle. [343x457].

27. 1790. *Wocher Marquart.* **Voyage de M.r de Saussure à la Cime du Mont-Blanc au mois d'août MDCCLXXXVII. II.-me Planche / Ce Célèbre Physicien Genevois descend le Mont-Blanc avec l'Intrepide Jacques Balmat, dit le Mont-Blanc, et ses autres Guides, après avoir fait, le 3 Août, sur la Cime élevée de cette fameuse Montagne diverses observations et expériences intéressantes, qui se trouvent détaillées dans le 3eme Volume de ses Voyages.** / Publié par Ch. de Méchel, en 1790, et se trouve chez lui a Basle. [343x457].

Zweite, bekanntere Version von Nr. 26. De Saussure ist nicht mehr angeseilt, sieht jünger aus und schickt sich an, die Gletscherspalte ohne fremde Hilfe zu überschreiten.

28.

28. ~1790. *Muller.* **Ascension de M.r De Saussure, à la cime du Mont-Blanc en 1787.** / à Genève chez Muller place de Madelaine N. 138. [116x165].

29. 1790. *Lévêque Henri.* **Monsieur Desaussure, son fils et ses guides arrivant au Glacier du Tacul au Grand Geant ou ils vont habiter sept jours sous des tentes en juillet 1788.** [245x340].

30. 1790. *Lévêque Henry.* **Monsieur Desaussure, son fils et ses guides descendant le Glacier du Tacul.** [245x340].

29.

30.

31.

31. 1790. *Bacler d'Albe Louis-Albert-Ghislain.* **Vue de fameux Mont-Blanc dans le Haut Faucigny en Savoie.** / Peint d'après nature par A: Bacler d'Albe. / Publié en 1790 par Chr: de Mechel à Basle. / Prise au-dessus de la Vallée de Sallanche, dans laquelle on decouvre la Ville de ce nom, ainsi que ses Environs, et partie du Cours de l'Arve. / Note. La Cime de cette Montagne colossale la plus haute de tuotes celles de l'ancien Monde avoit été regardée comme inaccessible jusq'en 1786, que le 8 Août deux habitans de Chamouni, M.r le Doct.r Paccard et le Guide Jacques Balmat, y parvinrent à travers mille dangers après 14 heures de marche. [395x610].

32. ◆ *Delegorgue-Corner Jean-François-Gabriel.* **Le départ des Petits Savoyards.** / Delegorgue pinx., Cauchy sc. / Partez, partez pour cette belle France, Allez chercher fortune dans Paris, Et gardez bien votre heureuse innocence, Mes chers enfants adieu, je vous bénis. [365x440].

33. ◆ *Delegorgue-Corner Jean-François-Gabriel.* **Le retour des Petits Savoyards.** / Delegorgue pinx., Cauchy sc. / Nous revenons de cette belle France, Tendres parents, tous vos maux vont finir, Nous rapportons de l'or notre innocence, Sans nul regret vous pouvez nous bénir. [365x445].

32.

33.

34.

34. ◆ *Bourrit Marc-Théodore.* **Vue du glacier des Bossons, de ses Eguilles, et de la partie du glacier que l'on traverse a Chamouni.** / Dessinée d'après nature par M.T. Bourrit Pens.aire du Roi, gravé par A. Moitte. [220x302].

35. ◆ *Bourrit Marc-Théodore.* **Vüe de la Source de L'arvéron et de son amas de glace à Chamouni.** / Dessinée d'après nature et par M.T. Bourrit Pens.aire du Roi, Gravée par A. Moitte. [223x300].

36. ◆ *Perlet N.* **Chamouni; Bergere** / N. Perlet, d'après Moritz. [156x158].

37. ◆ **Chamonix. Bergère.** 48. [110x105].

35.

36.   37.

55

38.

38. ◆ **Chamonix et le Mont-Blanc.** [200x270].

39. ◆ *Huber Johan Daniel.* **Vue de l'Entrée de la Vallée de Chamouni.** / A Genève, chez Marc Chapuis Francillon M.d de Fableaux & c. [360x515].

40.

40. ◆ *Bélanger Louis.* **Vue de la Source de l'Arveiron.** / Drawn on the spot by L. Belanger / Painted by P. Vanlerberghe / Engraved by S. Malgo. [478x691].

41. ◆ *Bélanger Louis.* **Vue de la Source de l'Arve.** / Drawn on the spot and Painted by L. Belanger / Engraved by S. Merigot / Published by Mess.rs G. & W. Nicol, London and by P.F. Fauche, Hamburgh. [475x690].

42.

42. ◆ *Linck Jean-Antoine.* **Vue du Mont-Blanc prise du Sommet du Col de Balme.** / fait par J.n Ant.e Linck / Se vend à Genève chez l'Auteur. [360x483].

43. ◆ *Linck Jean-Antoine*. **Vue du Lac de Chede, et du Mont-Blanc.** / fait par J.n. Ant.e Linck / Se vend à Genêve chez l'Auteur. [363x484].

44.

44. ◆ *Linck Jean-Antoine.* **Vue prise de la Voute nommée le Chapeau, du Glacier des Bois, et des Aiguilles des Charmoz.** / Se vend à Genêve chez l'Auteur. / fait par J.n. Ant.e Linck. [228x308].

45. ◆ *Hackert Karl-Ludwig.* **Vue de la Source de L'Arveron.** [342x468].

46. ◆ *Linck Jean-Antoine.* **Vue de la Source de l'Arveiron, des Aiguilles Verte, du Dru, et du Bochard.** / Se vend chez l'Auteur à Genève. / fait par J.n. Ant.e Linck. [365x475].

45.

46.

47.

47. ◆ *Linck Jean-Antoine.* **Vue de Servoz, de l'Aiguille du Gouté, ed du Glacier de Bionnassey.** / fait par J.n. Ant.e Linck / Se vend à Genève chez l'Auteur. [358x480].

48. ◆ *Linck Jean-Antoine.* **Vue du Dome, des Aiguilles du Gouté, et du Bionnassey audessus du Pont Pelisier.— pris Servoz.** / par J.n. Ant.e Linck [425x565].

49.

49. ◆ *Linck Jean-Antoine*. **Pleine lune sur les glaciers.** / par J. Ant. Linck. [255x320].

50. ◆ *Linck Jean-Antoine*. **Mont-Blanc et vallée de Chamonix.** / par J.n. Ant.e Linck [410x545].

51. ◆ *Smith John*. **Glacier of Bosson.** / J. Smith del. / S. Alken fec. [105x166].

50.

51.

52.

53.

54.

52. ◆ *Bacler d'Albe Louis-Albert-Ghislain.* **L'entrée dans le monde (Montagnes du Mont-Blanc).** / Bacler d'Albe f. [141x195].

53. ◆ *Bacler d'Albe Louis-Albert-Ghislain.* **La sortie du monde (Montagnes du Mont-Blanc).** / Bacler d'Albe f. [141x195].

54. ◆ **(Le Pont Saint-Martin et le Mont-Blanc).** [270x405].

55. ◆ *Schmuzer Jacob Xaver.* Verm Gegenst / Melanges / Miscellanea / XLI / Weimar / VIII B 8. [155x214].

56. ◆ *Schmuzer Jacob Xaver.* Verm Gegenst / Melanges / Miscellanea / XLII / Jacob Xaver Schmuzer / Weimar / VIII B 9. [158x212].

57. ◆ *Schmuzer Jacob Xaver.* Verm Gegenst / Melanges / Miscellanea / XLIII / Jacob Xaver Schmuzer / Weimar / VIII B 10. [160x213].

58.[26]   1803.   *Bourrit Marc-Théodore.* **Vue de la partie superieure du Glacier des Bossons** / frontespice. [140x90].

Vue du Montanvert sur la mer de glace, du grand Jorace, du Géant, de l'Aiguille des Charmaux et de l'Hospice.

Vue de l'Aiguille du Goûté prise de l'interieur de la voute de glace de l'Arveron.

59.[26] 1803. *Bourrit Marc-Théodore.* **Vue du Montanvert sur la mer de glace, du grand Jorace, du Géant, de l'Aiguille des Charmaux et de l'Hospice** / Tom. I. / Pag. 40. [85x140].

60.[26] 1803. *Bourrit Marc-Théodore.* **Vue de l'Aiguille du Goûté prise de l'interieur de la voute de glace de l'Arveron.** Tom. I. / Pag. 137. [88x138].

58./61. Bourrit: Description des cols ou des passages des Alpes.

Vüe du Mont-Blanc sur l'Allée-Blanche en descendant du Col de la Seigne a Cormayeur.

63.

61.[26] 1803. *Bourrit Marc-Théodore.* **Vue du Mont-Blanc sur l'Allée Blanche en descendant du Col de la Seigne à Courmayeur.** / Tom. I. / Pag. 273. / M. Bourrit p. / R.x Sc. [89x142].

62. 1806. *Linck Jean-Philippe.* **Chamonix / au fond le glacier des Bois / Vue dessinée depuis les Mouroux (1806).** / J. Ph. Linck. [285x420].

63. 1812. *Turner Joseph Mallord William.* **Mer de Glace - Valley of Chamouni - Savoy.** / Drawn Etched & Engraved by J. M. W. Turner / Published May 23.1812 by J. M. W. Turner. [179x255].

64.

65.

66.

64.[72]   1815.   *Lory Mathias Gabriel.* **Vue de la Cascade de Nant d'Arpenas.** / Dessiné d'après nature par G. Lory fils. [196x280].

65.[72]   1815.   *Lory Mathias Gabriel.* **Vue du Mont-blanc. prise de S.t Martin.** / Dessiné d'après nature par G. Lory fils. / Gravé par F. Hegui. [196x280].

66.[72]   1815.   *Lory Gabriel Ludwig.* **Vue du Glacier de Bois et de la Source de l'Arveron.** / Dessiné d'après nature par G. Lory Père / Gravé par F. Hegui. [196x280].

64./70.   Lory: Voyage pittoresque aux Glaciers de Chamouni.

67.

68.

67.[72] 1815. *Lory Gabriel Ludwig.* **Vue du lac de Chêde.** / Dessiné d'après nature par G. Lory Père. [196x280].

68.[72] 1815. *Lory Mathias Gabriel.* **Vue de la mer de Glace prise du Montanvert.** / Dessiné d'après nature par G. Lory fils. [196x280].

69.[72] 1815. *Lory Mathias Gabriel.* **Vue du Mont-Blanc prise du Couvercle.** / Dessiné d'après nature par G. Lory fils. [196x280].

70.

70.[72] 1815. *Lory Mathias Gabriel.* **Vue prise de la Flégère.** / Dessiné d'après nature par G. Lory fils. [196x280].

71.[35] 1820. *Cockburn James Pattison.* **Mer de Glace.** / Drawn by Major Cockburn. / London. Published Nov.r 1,1819, by Rodwell & Martin, New Bond Street. / Engraved by A. Freebairn. [118x199].

72.[79] 1821. *Perrot A. M.* **Le Mont-Blanc.** / A. M. Perrot del. / M.lle Pillement sc. [69x115].

73.[36] 1822. *Cockburn James Pattison.* **Mont Blanc, from Fort Roc.** / Drawn from Nature by Major Cockburn: on stone by A. Aglio / Printed by C. Hullmandel / London. Published by D. Walther, Brydges St. Covent Garden. Jan. 1.1822. [211x155].

71. Cockburn: Swiss Scenery.
72. Montémont: Voyage aux Alpes et en Italie.

73.

74.

74.[36] 1823. *Cockburn James Pattison.* **Courmayor** / Drawn from Nature by Major Cockburn, On stone by T.M. Baynes / Printed by C. Hullmandel. / London, Publ. by. D. Walther, Brydges St. Covent Garden. May 1823. [178x253].

75.[13] 1823. *Bakewell R.* **Aiguille de Dru- Chamouny.** R. Bakewell del. / London. Pub. by Longman, Hurst, Rees, Orme, & Brown. 1823. / L. Clark sculp. [164x110].

73./74. Cockburn: Views in the Valley of Aosta.
75. Bakewell: Travels, comprising observations made during a residence in the Tarantaise, and various parts of the Alps, and in Switzerland and Auvergne, in the years 1820, 1821, and 1822.

76. 1824. *Villeneuve Jules-Louis-Frédéric*. **Vue Gènèrale du Mont-Blanc, prise au-dessus de Sallenches.** Villeneuve 1824, les figures par Adam / Imp.e Lith.e de G. Engelmann. [400x555].

77. ~1825. *Grundmann*. **Vue du Glacier et de l'Aiguille d'Argentiere.** / Grundmann pinxit. / Publié par J. P. Lamy à Berne, Bâle & Genève. [228x315].

78. 1825. *Ottavia Masino di Mombello*. **Vue de Courmayeur et du Mont-Blanc.** Prise au devant de L'Auberge de L'Ange. On la trouve chez M.r le Curé de Cormajeur. Le profit est destiné aux Vieillards et Malades indigens de la Paroisse. / O. M. B. Del.t / Prix f. 3 [260x450].

77.

78.

85

79.

80.

81.

79.[23] 1826. *Birmann Samuel.* **Source de l'Arveron.** / S. Birmann f. [167x223].
80.[23] 1826. *Birmann Samuel.* **Glacier des Bossons.** / S. Birmann f. [165x223].
81.[23] 1826. *Birmann Samuel.* **Le Prieuré et le Montblanc.** / S. Birmann f. [166x224].

79./84. Birmann: Souvenir de la Vallée de Chamouni.

82.

83.

84.

82.[23] 1826. *Birmann Samuel.* **Glacier des Bois.** / S. Birmann f. / 21. [165x222].
83.[23] 1826. *Birmann Samuel.* **Le Chamonix - Vu du Col de Balme.** / S. Birmann f. / 23. [165x223].
84.[23] 1826. *Birmann Samuel.* **Eglise de Chamonix.** / S. Birmann f. / 16. [166x127].

85.

86.

87.

85.[84] 1826. *Coignet Jules-Louis-Philippe.* **Vue du Buet. View of the Buet.** / Coignet pinx.t / Salathé sculp.t / Publié à Paris par J.F. d'Ostervald [145x211].

86.[84] 1826. *D'Ostervald Jules-Frédéric.* **Le Géant vu de Courmayeur. The Geant seen from Courmayeur.** / J.F. d'Ostervald del.t / Himely sculp.t / Publié à Paris par J.F. d'Ostervald. [144x209].

87.[84] 1826. *Lory Mathias Gabriel.* **Vue prise du Couvercle. View taken from the Couvercle.** / G. Lory Pinx. / G. Reeve, Sculp. / Publié à Paris par J.F. d'Ostervald. / London, Published by Priestley & Weale, 5 High Street Bloomsbury. [147x208].

85./110. Raoul-Rochette: Voyage pittoresque dans la Vallée de Chamouni et autour du Mont-Blanc.

88.

88.[84] 1826. *Lory Mathias Gabriel.* **Vue du Mont-Blanc et de la Vallée de Chamouni. / View of Mount-Blanc and the Valley of Chamouni.** / G. Lory pinx.t / Salathé sculp.t / Publié à Paris par J.F. d'Ostervald. [147x211].

89.

90.

91.

92.

89.[84] 1826. *De Meuron Maximilien.* **Vue du Pont de S.t Martin. View of the Bridge of S.t Martin.** / Maxi. de Meuron pinx.t / Himely sculp.t / Publié a Paris, par J.F. d'Ostervald. / London, Published by Priestley & Weale. N° 5. High Street, Bloomsbury. [142x206].

90.[84] 1826. *Lory Mathias Gabriel.* **Vue du Mont-Blanc et de la Vallée de Sallenche. View of Mont-Blanc and the Valley of Sallenche.** / Lory pinx.t / F. Salathé sculp.t / Publié à Paris par J.F. d'Ostervald. [141x208].

91.[84] 1826. *Lory Gabriel Ludwig.* **Lac de Chede. Lake of Chede.** / G. Lory père sculp.t / Soulié sculp.t / Publié à Paris par J.F. d'Ostervald. [147x209].

92.[84] 1826. *Lory Mathias Gabriel.* **Vue prise de la Flégère. View taken from the Flégère.** / G. Lory pinx. / Bennet, sculp.t / Publié à Paris par J.F. d'Ostervald. [148x213].

93.

94.

95.

96.

93.[84] 1826. *Lory Mathias Gabriel.* **Vue du Montanvert. View of Montanvert.** / Lory pinx.t / Salathé sculp.t / Publié à Paris par J.F. d'Ostervald. [148x213].

94.[84] 1826. *Lory Mathias Gabriel.* **Source de l'Arveiron. Source of the Arveiron.** / G. Lory pinx.t / S. Himely sculp.t / Publié à Paris, par J.F. d'Ostervald / London, Published by Priestley & Weale, N° 5. High Street, Bloomsbury. [149x206].

95.[84] 1826. *De Meuron Maximilien.* **Glacier des Bois. Glacier of the Woods.** / Max: de Meuron del. / Salathé sculp.t / Publié à Paris par J.F. d'Ostervald. [146x209].

96.[84] 1826. *De Meuron Maximilien.* **Vue de la Vallée de Chamouni prise du Col de Balme. View of the Valley of Chamouni taken from the Col de Balme.** / Max. de Meuron del.t / Salathé sculp.t / Publié à Paris par J.F. d'Ostervald. [146x211].

97.[84] 1826. *Coignet Jules-Louis-Philippe.* **Vue de la Vallée de Chamouni prise du Pavillon de Bellevue. View of the Valley of Chamouni taken from the Pavillon of Bellevue.** / Coignet del.t / Himely sculp.t / Publié à Paris par J.F. d'Ostervald. [146x208].

98.[84] 1826. *Lory Mathias Gabriel.* **Vallée de Bionnassey. Valley of Bionnassey.** / G. Lory pinx.t / F. Satathé sculp.t / Publié à Paris par J.F. d'Ostervald. / London. Published by Priestley & Weale N° 5 High Street. Bloomsbury. [209x147].

99.[84] 1826. *D'Ostervald Jules-Frédéric.* **Glacier de Bionnassey pris du Pavillon de Bellevue. Glacier of Bionnassey taken from the Pavillon of Bellevue.** / J.F. d'Ostervald del.t / Salathé sculp.t / Publié à Paris par J.F. d'Ostervald. [146x211].

100.[84] 1826. *D'Ostervald Jules-Frédéric.* **Glacier de Trelatête. Ice mountain of Trelatête.** / J.F. d'Ostervald del.t / Himely sculp.t / Publié à Paris par J.F. d'Ostervald. [146x210].

101.[84] 1826. *Coignet Jules-Louis-Philippe.* **Hauteurs du Glacier de Trelatête. Heights of the Glacier of Trelatête.** / Coignet pinx.t / Himely sculp.t / Publié à Paris par J.F. d'Ostervald. [146x206].

97.

98.

99.

100.

101.

102.

103.

104.

105.

102.[84]   1826.   *De Meuron Maximilien.* **Col de la Seigne. Defile of la Seigne.** / Max. de Meuron pinx.t / Himely sculp.t / Publié à Paris par J.F. d'Ostervald. [145x208].

103.[84]   1826.   *Coignet Jules-Louis-Philippe.* **Lac Combal et Glacier de Miage. Lake Combal and Glacier of Miage.** / Coignet pinx.t / Salathé sculp.t / Publié à Paris par J.F. d'Ostervald. [145x210].

104.[84]   1826.   *Coignet Jules-Louis-Philippe.* **Lac Combal et Glacier de l'Allée-Blanche. Lake Combal and Glacier of Allée-Blanche.** / Coignet del.t / Himely sculp.t / Publié à Paris par J.F. d'Ostervald. [149x211].

105.[84]   1826.   *Coignet Jules-Louis-Philippe.* **Vallée de Courmayeur. Valley of Courmayeur.** / Coignet del.t / Falkeisen sculp.t / Publié à Paris par J.F. d'Ostervald. [147x212].

106.[84]   1826.   *Coignet Jules-Louis-Philippe.* **Le Mont-Blanc vu de la Vallée de Courmayeur. Mont-Blanc taken from the Valley of Courmayeur.** / Coignet pinx.t / Salathé sculp.t / Publié à Paris par J.F. d'Ostervald. [147x213].

107.[84]   1826.   *Lory Mathias Gabriel.* **Vue des Jorasses prise du Val-Ferret. View of the Jorasses taken from Val-Ferret.** / G. Lory Jun.r pinx.t / Egerton sculp.t / Publié à Paris, par J.F. d'Ostervald. / London. Published by Priestley & Weale. 5. High Street. Bloomsbury. [212x148].

108.[84]   1826.   *Lory Mathias Gabriel.* **Vue des Jorasses et de la Vallée d'Entrèves. View of Jorasses and the Valley of Entrèves.** / G. Lory pinx.t / Thales Fielding sculp.t / Publié à Paris par J.F. d'Ostervald. / London. Published by Priestley & Weale. N° 5. High Street. Bloomsbury. [150x214].

109.[84]   1826.   *D'Ostervald Jules-Frédéric.* **Glacier du Triolet. Glacier of Triolet.** / J.F. d'Ostervald del.t / Salathé sculp.t / Publié à Paris par J.F. d'Ostervald. [146x207].

110.[84]   1826.   *D'Ostervald Jules-Frédéric.* **Glacier du Mont-Dolent. Glacier of Mont-Dolent.** / J.F. d'Ostervald del.t / Salathé sculp.t / Publié à Paris par J.F. d'Ostervald. [147x213].

106.

107.

108.

109.

110.

111.

112.

113.

111./116. **Rose: A tour to Great St. Bernard's and round Mont Blanc.**
117./120. **Engelmann, de Golbéry: Lettres sur la Suisse.**

111.[85] 1827. **The Cascade of Nant Arpenaz.** / Letter 2. [61x75].

112.[85] 1827. **Mont Blanc from the Bridge of Pellissier.** / Letter 4. [61x75].

113.[85] 1827. **View in the Valley of Chamouny of the Glacier de Bois.** / Letter 6. [61x75].

114.[85] 1827. **Argentièr.** / Letter 7. [61x75].

115.[85] 1827. **Courmayeur.** / Letter 13. [61x75].

116.[85] 1827. **A Châlet near the Col du Bonhomme.** / Letter 20. [61x75].

117.[46] 1827. *Villeneuve Jules-Louis-Frédéric.* **Bains de Saint-Gervais.** / 4.e P. / Pl. 12 / Villeneuve 1827 / Lith. de Engelmann, rue Louis le Grand N° 27 à Paris. [197x285].

118.

119.

VUE DU MONT-BLANC ET D'UNE PARTIE DU VILLAGE DE CHAMOUNY.

118.[46] 1827. *Villeneuve Jules-Louis-Frédéric.* **Vue du Mont-Blanc prise de Servoz.** / 4.e P. / Pl. 14 / Villeneuve 1827 / Lith. de Engelmann; rue du Faub. Montmartre N° 6. [200x285].

119.[46] 1827. *Villeneuve Jules-Louis-Frédéric.* **Vue du Montanvert et de la Mer de Glace.** / 4.e P. / Pl. 16 / Villeneuve 1827 / Lith. de Engelmann, rue du Faub. Montmartre N° 6 / Fig. par V. Adam. [200x283].

120.[46] 1827. *Villeneuve Jules-Louis-Frédéric.* **Vue du Mont-Blanc et d'une partie du village du Chamouny.** / 4.e P. / Pl. 15 / Villeneuve 1827 / Lith. de Engelmann, rue du Faub. Montmartre N° 6. [199x287].

121./136. Auldjo: Narrative of an ascent to the summit of Mont Blanc.

VIEW OF MONT BLANC from SERVOZ.

Drawn on Stone by J.D. Harding from a Sketch by Birmann — Printed by C. Hullmandel.

London Pubd by Longman & Co. 1828.

124.

LAC DE CHEDE.

Drawn on Stone by J.D. Harding, from a Sketch by Birmann. ──── Printed by C. Hullmandel.

London Pub.d by Longman & C°. 1828.

121.[12] 1828. *Harding James Duffield.* **Sketch of the Chain of Mont Blanc taken from the Summit of the Breven.** / Drawn on stone by J.D. Harding, from a Sketch by Birmann. Printed by C. Hullmandel. / London. Pub.d. by Longman & C°, 1828. [165x682].

122.[12] 1828. *Harding James Duffield.* **Mont Blanc from Sallenche.** / Drawn on Stone by J.D. Harding, from a Sketch by Birmann. Printed by C. Hullmandel. / London. Pub.d by Longman & C°, 1828. [121x161].

123.[12] 1828. *Harding James Duffield.* **View of Mont Blanc from Servoz.** / Drawn on Stone by J.D. Harding, from a Sketch by Birmann. Printed by C. Hullmandel. / London. Pub.d by Longman & C°, 1828. [125x167].

124.[12] 1828. *Harding James Duffield.* **Lac de Chede.** / Drawn on Stone by J.D. Harding, from a Sketch by Birmann. Printed by C. Hullmandel. / London. Pub.d by Longman & C°, 1828. [124x167].

125.[12] 1828. *Harding James Duffield.* **Mont Blanc & the Priory of Chamonix.** / Drawn on Stone by J.D. Harding, from a Sketch by Birmann. Printed by C. Hullmandel. / London: Pub.d by Longman & C°, 1828. [123x164].

126.[12] 1828. *Harding James Duffield.* **Mont Blanc and the Valley of Chamonix from the Col de Balme.** / Drawn on Stone by J.D. Harding, from a Sketch by Birmann. Printed by C. Hullmandel. / London. Pub.d by Longman & C°, 1828. [123x163].

125.

126.

127.

128.

129.

127.[12]   1828.   *Harding James Duffield.* **Mont Blanc from the Couvercle.** / Drawn on Stone by J.D. Harding, from a Sketch by Birmann. Printed by C. Hullmandel. / London. Pub.d by Longman & C°, 1828. [126x166].

128.[12]   1828.   *Harding James Duffield.* **Mont Blanc from the Valley of Courmayeur.** / Drawn on Stone by J.D. Harding, from a Sketch by Birmann. Printed by C. Hullmandel. / London. Pub.d by Longman & C°, 1828. [122x163].

129.[12]   1828.   **Smelter during the Storm.** / Drawn on Stone from a Sketch by J. Auldjo. Printed by C. Hullmandel. [170x125].

132.

130.[12] 1828. **Bridge of Snow where the Party breackfasted.** / Drawn on Stone from a Sketch by J. Auldjo. Printed by C. Hullmandel. [105x158].

131.[12] 1828. **Passage of a Block of Ice in a crevice.** / Drawn on Stone from a Sketch by J. Auldjo. Printed by C. Hullmandel. [105x133].

132.[12] 1828. **Scaling a Wall of Ice.** / Drawn on Stone from a Sketch by J. Auldjo. Printed by C. Hullmandel. [121x163].

133.

134.

Sliding down a Snow Hill.

133.[12]   1828.   **Passing a Cliff.** / Drawn on Stone from a Sketch by J. Auldjo. Printed by C. Hullmandel. [117x150].

134.[12]   1828.   **A dangerous Part of the Glacier.** / Drawn on Stone from a Sketch by J. Auldjo. Printed by C. Hullmandel. [110x140].

135.[12]   1828.   **Sliding down a Snow Hill.** / Drawn on Stone from a Sketch by J. Auldjo. Printed by C. Hullmandel. [121x164].

136.

136.[12]   1828.   **The Grand Mulet.** / Drawn on Stone from a Sketch by J. Auldjo. Printed by C. Hullmandel. [105x163].

137.[27] 1829. *Brockedon William.* **Mont Blanc and the Valley of Aosta, from Fort Roc.** / Drawn by W. Brockedon. Engraved by E. Finden. [135x192].

137./138 Brockedon: Illustrations of the Passes of the Alps.

138.

138.[27]   1829.   *Brockedon William.* **Mont Blanc from the Baths of St. Didier.** / Drawn by W. Brockedon. Engraved by C. Westwood. [137x206].

139.[27] ~1830. *Villeneuve Jules-Louis-Frédéric.* **Cormajor.** / F. Villeneuve. / à Paris, chez Bance, rue St. Denis, 214. Imprimé par Benard. [218x300].

139. Villeneuve: Souvenirs d'Italie.

140.

142.

140. Finden: Illustrations of the Vaudois.
141. Linton: Sketches on Italy.

141.

140.[48] 1831. *Acland Hugh Dyke.* **The Col du Bonhomme (from Contamines).** / Drawn by Hugh Dyke Acland. Engraved by Edw.d Finden. [94x133].

141.[71] 1832. *Linton William.* **Courmayeur (Valley of Aosta). Mont Blanc in the distance.** / W. Day Lith.r to the King, Gate s.t. / Pl. 90. [24x33].

142. ~1835. *Gonin Francesco.* **Il Monte Bianco e la valle d'Aosta, dal Forte Roc. Vue du Mont Blanc et de la vallée d'Aoste prise du Fort Roc.** / F. Gonin del. / Turin, Lith. Iunck et C.a per / Torino, presso Pietro Marietti. [127x180].

143.

Panorama de la Vallée de Chamouny.

143.[76] 1835. *Ioliot.* **Panorama de la Vallée de Chamouni.** / Ioliot 1834. / 1. Aiguilles Rouges. - 2. Aig. du Tour - 3. Pliampra - 4. A. du Chardonnet - 5. A. d'Argentiére - 6. Mer de Glace - 7. Mont Anvert - 8. Aig. Vertes - 9. Chamouny - 10. Aig. du Moine - 11. A. de Charmoz - 12. A. de Blaitiére - 13. A. du Midi - 14. LE MONT-BLANC - 15. Village de Favrans - 16. V. des Pélerins - 17. V. des Bossons - 18. Dôme de Gouté - 19. Col du Bonhomme. / Imprimerie de Dion. [90x319].

144.[76] 1835. *Ioliot* **Le Mont-Blanc vu du Lac de Chéde.** [105x130].

145.[76] 1835. *Dufrain.* **Glacier de Valsoret.** / Dufrain sc. [70x131].

146.[76] 1835. *Dufrain.* **Mer de Glace du Montanvert.** / Dufrain sc. [75x133].

143./148. Martin: La Suisse pittoresque et ses environs.

144.

145.

146.

147.

148.

147.[76] 1835. *Dufrain.* **Vallée de Chamouny.** / Dufrain sc. [77x130].
148.[76] 1835. *Dufrain.* **Courmayeur.** / Dufrain sc. [70x131].
149.[16] 1836. *Bartlett William Henry.* **Mont Blanc from the Jura.** / W.H. Bartlett. R. Wallis. [120x175].
150.[16] 1836. *Bartlett William Henry.* **Mont Blanc from above Sallenche.** / W.H. Bartlett. E. Benjamin. [118x182].

149.

150.

149./156. Beattie: Switzerland.

151.

MONT BLANC, FROM CHAMOUNI.

151.[16] 1836. *Bartlett William Henry.* **Mont Blanc, from Chamouny.** / W.H. Bartlett. D. Buckle. [115x172].

152.[16] 1836. *Bartlett William Henry.* **The Source of the Arveiron, Valley of Chamoni.** / W.H. Bartlett. W. Radclyffe. [116x180].

153.[16] 1836. *Bartlett William Henry.* **The Col-de-Balme (Looking towards Chamouni).** / W.H. Bartlett. S.T. Davies. [114x175].

152.

THE SOURCE OF THE ARVEIRON, VALLEY OF CHAMOUNI.

153.

154.

154.[16] 1836. *Bartlett William Henry.* **Baths of S.t Gervais.** / W.H. Bartlett. W.B. Cooke. [174x118].

155.[16] 1836. *Bartlett William Henry.* **Mer de Glace. (Chamouni).** / W.H. Bartlett. S. Fisher. [114x175].

156.[16] 1836. *Bartlett William Henry.* **Glacier of Bossons. (Valley of Chamouni).** / W.H. Bartlett. S. Lacey. [117x175].

155.

156.

GLACIER OF BOSSONS.
(Valley of Chamouni.)

157.

THE GUIDE, COUTTET,
Ascending the Ice Cliff, to gain the Grand Mulet Rock,
below him a Chasm of unknown depth.

158.

THE GUIDES, COUTTET AND BALMAT,-
Having gained the Grand Mulet Rock,- drawing up the rest of the party.

157.[15] 1836. *Barry Martin.* **The Guide, Couttet. Ascending the Ice Cliff, to Gain the Grand Mulet Rock, belowe him a Chasm of unknown depth.** / Sketched by D.r Barry. Drawn on Stone by D. Volck, Heidelberg. [85x95].

158.[15] 1836. *Barry Martin.* **The Guides, Couttet and Balmat, Having gained the Grand Mulet Rock, drawing up the rest of the party.** / Sketched by D.r Martin. Drawn on stone by D. Volck, Heidelberg. [85x95].

159.[10] 1838. **Mont Blanc, taken from Varembé near Geneva.** / C.B. [120x205].

160.[10] 1838. *Atkins Henry Martin.* **Bivouac on the Grands Mulets.** / H.M.A. / J. Netherclift Lithog. [155x105].

161.[10] 1838. *Atkins Henry Martin.* **Passage of the Glacier of Bossons.** / H.M.A. / J. Netherclift Lithog. [83x140].

162.[10] 1838. *Atkins Henry Martin.* **Avalanche at the Petit Plateau,** / H.M.A. / J. Netherclift Lithog. [83x140].

163.[10] 1838. *Atkins Henry Martin.* **Halt at the Pierre de l'Echelle.** / H.M.A. / J. Netherclift Lithog. [65x140].

157./158. Barry: Ascent to the Summit of Mont Blanc in 1834.
159./164. Atkins: Ascent to the Summit of Mont Blanc.

159.

160.

161.

162.

163.

164.

HALT ON THE SUMMIT OF MONT BLANC.

165.

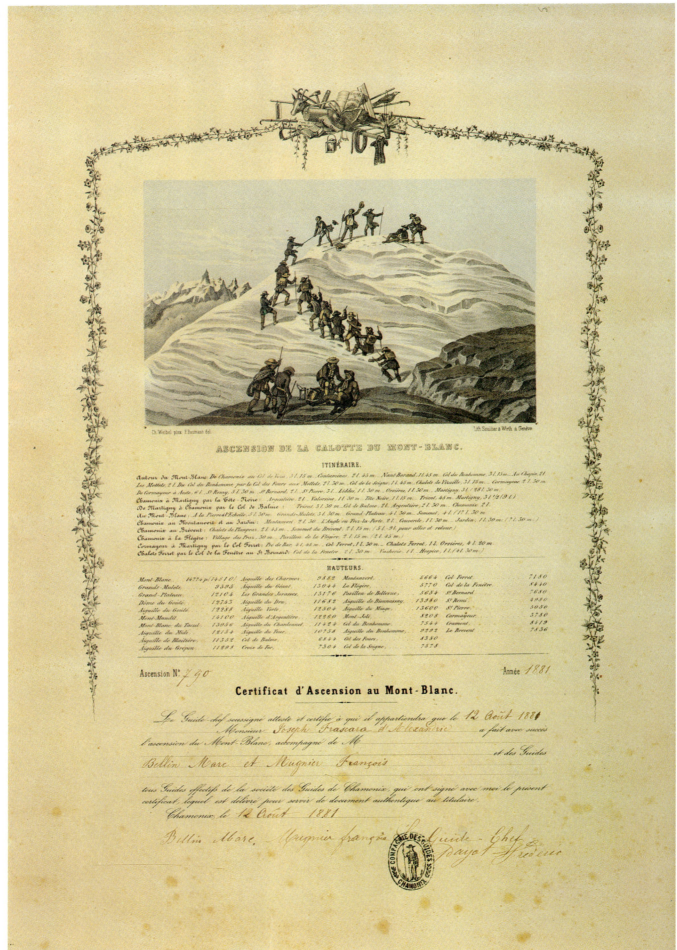

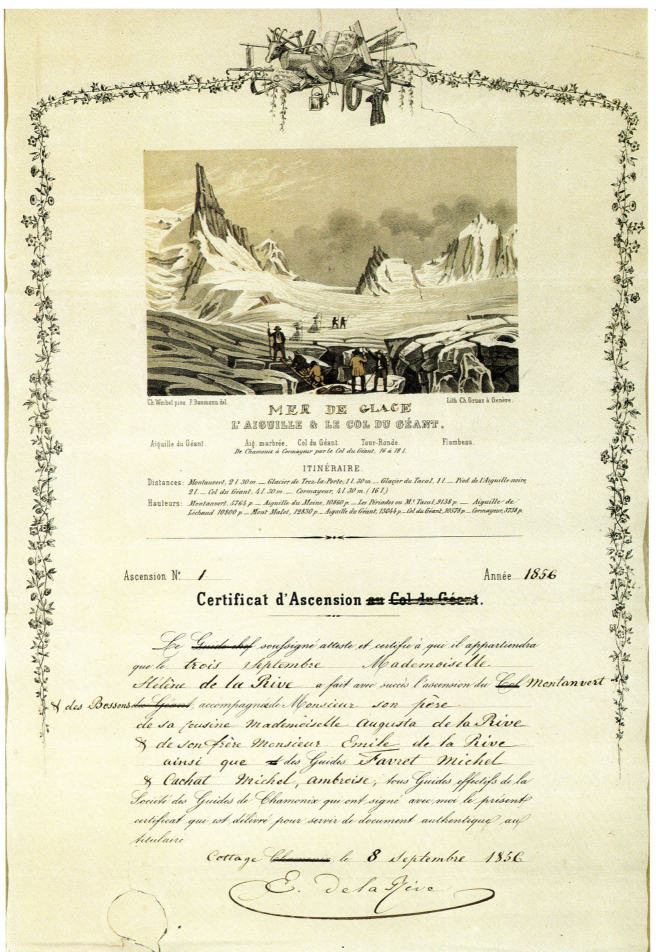

MER DE GLACE
L'AIGUILLE & LE COL DU GÉANT.

Aiguille du Géant.   Aig. marbrée.   Col du Géant.   Tour-Ronde.   Flambeau.
De Chamonix à Cormayeur par le Col du Géant, 16 à 18 l.

ITINÉRAIRE.

Distances: Montanvert, 2 l. 30 m. — Glacier de Trez-la-Porte, 1 l. 30 m. — Glacier du Tacul, 1 l. — Pied de l'Aiguille-noire, 2 l. — Col du Géant, 4 l. 30 m. — Cormayeur, 4 l. 30 m. (16 l.)

Hauteurs: Montanvert, 5764 p. — Aiguille du Moine, 10860 p. — Les Périades ou M.t Tacul, 9138 p. — Aiguille de Léchaud 10800 p. — Mont Malet, 12830 p. — Aiguille du Géant, 13044 p. — Col du Géant, 10578 p. — Cormayeur, 3738 p.

Ascension N° *1*   Année *1856*

Certificat d'Ascension ~~au Col du Géant~~.

Le ~~Guide-chef~~ soussigné atteste et certifie à qui il appartiendra que le *trois septembre Mademoiselle Hélène de la Rive* a fait avec succès l'ascension du ~~Col~~ *Montanvert & des Bossons* ~~du Géant~~, accompagnée *Monsieur son père de sa cousine Mademoiselle Augusta de la Rive & de son frère Monsieur Emile de la Rive* ainsi que ~~&~~ *des Guides Favret Michel & Cachat Michel, Ambroise,* tous Guides effectifs de la Société des Guides de Chamonix qui ont signé avec moi le présent certificat qui est délivré pour servir de document authentique au titulaire.

Cottage ~~Chamonix~~, le *8 septembre 1856*

E. de la Rive

168.

164.[10] 1838. *Atkins Henry Martin.* **Halt on the Summit of Mont Blanc.** / H.M.A. / J. Netherclift Lithog. [90x125].

165. 1838. *Dandiran F.* **Sallenches (Savoie).** / Peint d'après nature et Lithographié par F.k Dandiran. 1838. / Imprimerie Lithographique de Roger et C.ie, r. Richer 7 / Veith et Hauser, Boulevard des Italiens 11. [295x415].

166. ~1840. *Weibel Charles.* **Certificat d'ascension au Mont-Blanc.** / Ch. Weibel pinx. / F. Baumann del. / Lith. Souillier & Wirt à Genève. [387x275].

167. ~1840. *Weibel Charles.* **Certificat d'ascension au Col du Géant.** / Ch. Weibel pinx. / F. Baumann del. / Lith. Ch. Gruaz à Genève. [340x245].

168.[18] ~1840. *Rouargue Emile et Adolphe.* **Vallée de Chamounix.** / Rouargue Frères del. et sc. [120x165].

168. Begin: Voyage pittoresque en Suisse, en Savoye et sur les Alpes.

169.

169.[19] 1843. *Cockburn James Pattison.* **Cormayor, Valley of Aosta, Italy.** / Drawn by Col. Cockburn. / Engraved by C.T. Dixon. [125x187].

170.[70] ~1843. **Giovine di Cuor-Maggiore.** [90x57].

171.[70] ~1843. **Donna di Cuor-Maggiore.** [86x56].

172.[98] 1843. *Töpffer Rodolphe.* **À Courmayeur.** / Töpffer ill. / Lith. Schmid. [118x159].

173.[98] 1843. *Töpffer Rodolphe.* **L'auberge du Col de Balme.** / Töpffer ill. / Lith. Schmid. [117x159].

174.[98] 1843. *Töpffer Rodolphe.* **Montée de Nant Bourant au dessus de Notre Dame des Gorges.** / Töpffer ill. / Lith. Schmid. [120x157].

169 Bélin: Le Simplon et l'Italie Septentrionale.

170.

171.

172.

170./171. Liguria, Savoia e Piemonte - Storia e costumi.

172./180. Töppfer: Voyage autour du Mont-Blanc.

175.

175.[98] 1843. *Töpffer Rodolphe.* **Le Bonhomme, et montée du Bonhomme.** / Töpffer ill. / Lith. Schmid. [118x159].
176.[98] 1843. *Töpffer Rodolphe.* **L'Allée Blanche, du Col de la Seigne.** / Töpffer ill. / Lith. Schmid. [119x159].
177.[98] 1843. *Töpffer Rodolphe.* **L'Allée Blanche, de Sagioan.** / Töpffer ill. / Lith. Schmid. [118x158].

176.

177.

178.

178.[98] 1843. *Töpffer Rodolphe.* **Le Val Ferret.** / Töpffer ill. / Lith. Schmid. [120x158].
179.[98] 1843. *Töpffer Rodolphe.* **Le Col de Fenêtre.** / Töpffer ill. / Lith. Schmid. [118x160].
180.[98] 1843. *Töpffer Rodolphe.* **Traversée du Bonhomme. Lac Tovet.** / Töpffer ill. / Lith. Schmid. [119x160].

179.

180.

181.

GLACIER TABLE, ON THE MER DE GLACE.

181.[49] 1843. *Forbes James David.* **Glacier table. On the Mer de Glace.** / Pl. I. / Drawn from Nature by Professor Forbes, L. Haghe Lith. / Day & Haghe Lith.rs to the Queen. [127x200].

182.[49] 1843. *Forbes James David.* **The Glacier of la Brenva in the Allée Blanche, from Entrèves.** / Pl. IV / Drawn from Nature by Professor Forbes, T. Picken Lith. / Day & Haghe Lith.rs to the Queen. [131x201].

183.[49] 1843. *Forbes James David.* **Glacier of la Brenva. Shewing the structure of the Ice.** / Pl. V / Drawn from Nature by Professor Forbes, L. Haghe Lith. / Day & Haghe Lith.rs to the Queen. [137x210].

181./184. Forbes: Travels through the Alps of Savoy and other parts of Pennine Chain.

182.

183.

184.

184.[49] 1843. *Forbes James David.* **Mer de Glace of Chamouni, from les Charmoz.** / Pl. II / Drawn from Nature by Professor Forbes, T. Picken Lith. / Day & Haghe Lith.rs to the Queen. [200x131].

185.

185.[99] 1844. *Töpffer Rodolphe.* **(Vers le Col du Bonhomme).** / Brugnot. [83x115].

186.[99] 1844. *Töpffer Rodolphe.* **Au Col de la Seigne.** / Rouget. [75x113].

187.[99] 1844 *Töpffer Rodolphe.* **La Forclaz.** / A.L.B. F.R. [75x112].

186.

187.

185./194.   Töpffer: Voyages en zigzag.

188.

189.

190.

188.[99] 1844. *Töpffer Rodolphe.* **La Pierre des Anglais.** / Hemei V. [82x113].

189.[99] 1844. *Töpffer Rodolphe.* **Montée du Prarion.** / M. Deschamps. [90x113].

190.[99] 1844. *Töpffer Rodolphe.* **La Grotte de Balme.** / Himely / A.L.B. [75x113].

191.[99;112] 1844. *Calame Alexandre.* **Le Prarion, Vallée de Chamounix.** / A. Calame f. / Pisan s. [115x170].

192.[99] 1844. *Töpffer Rodolphe.* **Lac de Combal.** / Brugnot. [53x82].

193.[99] 1844. *Töpffer Rodolphe.* **Chalets de Nantbourant.** / Brugnot. [37x105].

194.

194.[99]   1844.   *Töpffer Rodolphe.* **La Mer de Glace (Chamounix).** / Daubigny. / J. Quartley. [115x180].

Vue du Mont blanc et de la vallée de Boëge.

195. 1845. *Fregevize Edoard.* **Vue du Mont blanc et de la vallée de Boëge.** / L'Artiste. / Salon de 1845. / Fregevize pinx.t et del. / Imp. Bertauts. [167x234].

196.

196. ~1845. *Hugon de Nozeroy C.* **Courmayeur** / C. Hugon de Nozeroy / Imp. Lemercier. Paris / Tirpenne lith. / 1. Mont-Blanc - 2. Mont Maudit - 3 et 4. Col et Dent du Géant - 5. Mont-Chétif et 6. Mont de la Saxe. [238x360].

197.,198. ■ *Verhas Theodor.* **Reaching the Grand Mulet Rock.** / Drawn by Th. Verhas, from a a Sketch taken on the spot by D.r Barry / E. Mitchell Sculp.t [101x145;110x145].

197.

198.

151

199.

200.

201.

199. ■ *Diday François.* **S.t-Gervais-les-Bains (Savoie).** / Imp. Cougnard & Rey, Éditeurs, Genève. / F. Diday, fecit. [300x400].

200. ■ **Chamouny Thal, mit dem Montblanc.** [104x157].

201. ■ *Winterlin Anton.* **Glacier des Bossons. Vallée de Chamouni.** / Winterlin pinx.t / J.J. Tanner sculp.t / Hasler & C.ie éditeurs à Bâle. [149x205].

202. ■ *Sabatier Léon-Jean-Baptiste.* **La Vallée de Chamouni.** / Dessiné d'après nature et lithog.é par L. Sabatier / Lith. de Cattier, imprimé par Jacom. [407x553].

202.

J.W. INCHBOLD. PINX.T   T.A. PRIOR. SCULP.T

203. ■ *Inchbold John William.* **A by-path to Chamouni - From the picture in the possession of the Publishers.** / J.W. Inchbold pinx.t / T.A. Prior sculpt.t. London, Virtue & C. [176x248].

204. ■ *Fluniss (?) W.* **Mer des Glaces, Montanvert.** / W.m Fluniss, del. / Lith. of Sarony & Mayor N.Y. [88x134].

205. ■ *Fluniss (?) W.* **Mont Blanc, from Sallenche.** / W.m Fluniss, del. / Lith. of Sarony & Mayor N.Y. [88x134].

206. ■ *Harding James Duffield.* **Chamouni.** / Drawn by J.D. Harding from a Sketch by W. Page. / Engraved by E. Finden. [79x120].

204.

205.

206.

Le Mont-Blanc depuis Servoz.

Glacier des Bossons (Chamounix)

207.[95] ■ **Le Mont-Blanc depuis Servoz** / N. 7. [92x122].
208.[95] ■ **Glacier des Bossons (Chamounix).** / N. 8. [90x122].

207./217. Souvenirs du Mont-Blanc et de la Vallée de Chamonix.

Cascade des Pélerins, vallée de Chamounix.

Hôtel de Londres et le Mont-Blanc à Chamonix.

209.[95] ■ Cascade des Pélerins, vallée de Chamonix. / N. 9. [91×124].
210.[95] ■ Hôtel de Londres et le Mont-Blanc à Chamonix. / N. 11. [92×123].

211.

Le Mont-Blanc vu du col de Voza.
(Pavillon de Bellevue.)

1. Sommet du Col de Balme.
2. Hospice.
3. Aiguille Rouge.
4. Glacier et hameau du Tour.
5. Glac. et hameau d'Argentière.
6. Aiguille du Tour . . . . . 10344 p.
7. Aig.lle d'Argentière . . . 12090 p.
8. Aiguille du Chardonnet.
9. Aiguille Verte . . . . 12564 p.
10. Aiguille du Dru . . . . . 10736 p.

212.

Aiguille du Dru, vallée de Chamounix.

211.[95] ■ **Le Mont-Blanc vu du col de Voza. (Pavillon de Bellevue).** / N. 13. [92x122].

212.[95] ■ **Aiguille du Dru vallée de Chamonix.** / N. 16. [122x91].

213.[95] ■ **Chaine du Mont Blanc, vue depuis, la Flégère.** [92x285].

214.[95] ■ **Le Mont-Blanc depuis le Jardin.** / N. 17. [91x122].

215.[95] ■ **Ascension du Mont-Blanc.** / N. 18. [122x92].

214. N° 17.

Le Mont Blanc depuis le Jardin.

215. N° 18.

Ascension du Mont-Blanc.

Le Mont-Blanc vu depuis la Flégère (Chamonix.)

Glacier et Village d'Argentière (Chamonix.)

216.[95] ■ **Le Mont-Blanc vu depuis la Flégère. (Chamonix).** / N. 19. [92x125].
217.[95] ■ **Glacier et Village d'Argentière (Chamonix).** / N. 20. [92x123].

218.

219.

Chamonix et le Mont Brévent.

218.[94] ■ **Diligences de Chamonix.** [115x392].
219.[94] ■ **Chamonix et le Mont Brévent.** / Lith. Schmid. [88x119].
220.[94] ■ **Le Mont-Blanc vu de St. Martin. (Route de Chamonix).** / Lith. Schmid. [93x123].
221.[94] ■ **Le Mont-Blanc depuis le Col de la Seigne.** / Lith. Schmid. [91x122].
222.[94] ■ **La Vallée de Chamonix vue du Col de Balme.** / Lith. Schmid. [88x123].

218./238. Souvenirs du Mont-Blanc.

220.

221.

222.

Fählein d'après DuBois.   Lith. de Engelmann père & fils.

223.[94] ■ *Cuvillier Armand.* **Glacier des Bois et Source de l'Arveron. (Chamonix).** / A. Cuvillier d'après DuBois. / Lith. de Lemercier à Paris. [88x116].

224.[94] ■ *Fählein.* **Argentiere.** / Fählein d'après DuBois. / Lith. de Engelmann père & fils. [89x115].

225.[94] ■ **Les Grands Mulets. Ascension au Mont-Blanc.** [121x89].

226.[94] ■ **Glacier des Bossons.** [121x89].

227.[94] ■ *Dubois Jean.* **La mer de glace vue du Montanvert. (Chamonix).** / J. DuBois. [85x115].

Les Grands-Mulets.
Ascension au Mont Blanc.

Glacier des Bossons.

La mer de glace vue du Montanvert (Chamonix)

228.

Bains thermals de St Didier,
près de Courmayeur.

229.

Source minérale, la Victoire,
près de Courmayeur.

228.[94] ■ *Muller Théodore.* **Bains thermals de St. Didier, près de Courmayeur.** / Muller f. [89x120].

229.[94] ■ *Muller Théodore.* **Source minérale, la Victorie, près de Courmayeur.** / Muller f. [89x120].

230.[94] ■ *Muller Théodore.* **Courmayeur.** / Muller f. [89x120].

Cascade des Pèlerins.

Entrée de la...

Les Bains de St Gervais.

Le Mont Blanc...

231.[94] ■ *Muller Théodore.* **Cascade des Pelerins.** / Muller f. [89x121].
232.[94] ■ *Muller Théodore.* **Entrée de la vallée de Chamonix.** / Muller f. [90x122].
233.[94] ■ *Muller Théodore.* **Glacier et village d'Argentière.** / Muller f. [90x121].

de Chamonix. Glacier et village d'Argentière.

depuis la Flégère. Le Mont Blanc depuis le Jardin.

234.[94] ■ *Muller Théodore.* **Les Bains de St. Gervais.** / Muller f. [89x122].
235.[94] ■ *Muller Théodore.* **Le Mont Blanc depuis la Flégère.** Muller f. [89x122].
236.[94] ■ *Muller Théodore.* **Le Mont Blanc depuis le Jardin.** / Muller f. [90x121].

237.

Le Mont Blanc depuis le Col de Balme.

238.

Aiguille du Dru.

239.

237.[94] ■ *Muller Théodore.* **Le Mont Blanc depuis le Col de Balme.** / Muller f. [90x122].
238.[94] ■ *Muller Théodore.* **Aiguille du Dru.** / Muller f. [121x90].
239. ■ *Dubois Jean.* **Mer de Glace vue du Montanvert.** / J. DuBois del. [121x160].

HÔTEL DE LA COURONNE.

A CHAMONIX.

Muller fecit.

HÔTEL DE L'UNION
À CHAMONIX
tenu par
CHARLET & SIMOND

242.

240. ■ **Hotel de la Couronne. A Chamonix.** [61x161].

241. ■ *Muller Théodore.* **Hôtel de l'Union à Chamonix tenu par Charlet & Simond.** / Muller fecit / Warm and sulphureous Baths may be had in the house at a minutes notice. / On y trouve des bains de santé et de propreté. [120x200].

242. ■ **Le Mont-Blanc (Vue prise près de Prieurè). Der Mont-Blanc (Von der Prieurè aufgenommen).** [118x175].

243.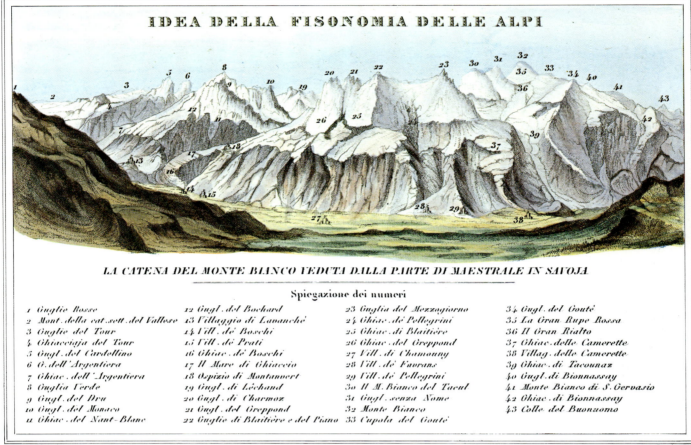

244.

243. Marmocchi: Storia naturale dell'Italia.

243.[74] ■ *Stanghi V.* **Idea della fisionomia delle Alpi. La Catena del Monte Bianco veduta dalla parte di Maestrale in Savoja.** / Marmocchi Storia Naturale dell'Italia. / II. / V. Stanghi inc. / G. Pozzi scrisse. [112x178].

244. ■ **Chamouni et le Mont Blanc.** / Briquet et Fils, Éditeurs à Genève. / Imp. Lemercier. [118x182].

245. ■ *Cuvillier Armand.* **La Mer de Glace (10).** / A.d. Cuvillier Lith. / Briquet et fils édit. à Genève. / Imp. Lemercier, Paris [180x278].

246. ■ *Loppé Gabriel.* **Pavillon de la Pierre Pointue. Le Glacier des Bossons et le Mont-Blanc.** / Briquet et fils éditeurs à Genève. / Muller lith. - G. Loppé del. / Imp. Lemercier et C.ie. [118x180].

247.

247. ~1850. *Huber H.* **Chamonix et la chaine du Mont-Blanc.** / H. Huber scul. [93x188].
248.,249. ~1850. *Bertotti P.* **Profilo geometrico delle Alpi.** (Ausschnitt). [465x670].

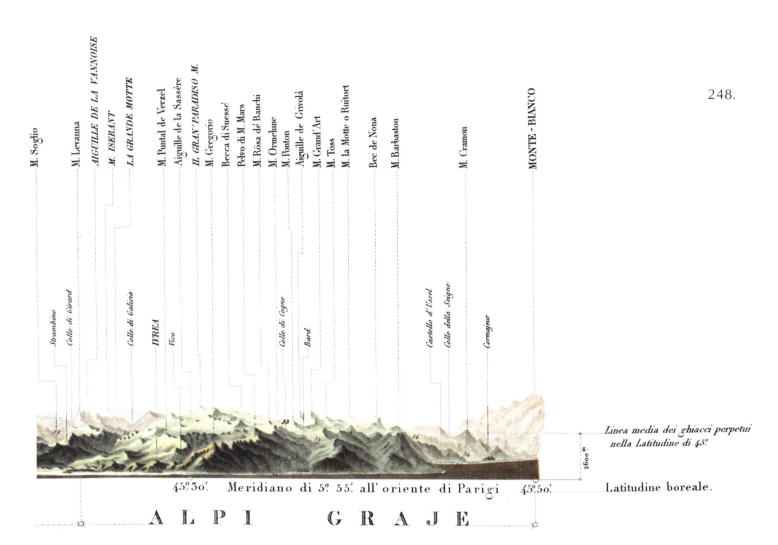

31. 31. Valle della Chiusella
32. 32. Valletta di Champorcier
33. 33. Valletta di Cogne
34. 34. Valletta della Thuille
35. 35. Valle d'Aosta, o della Dora Baltea

248./249. Bertotti: Profilo geometrico delle Alpi.

249.

Peaks (left to right):
MONTE-BIANCO, Aiguille du Midi, Il GIGANTE, M. Grapillon, Grande Rossere, Grand Golié, M. Dronaz, Raja di M. Fallet, M. Barasson, M. Velan, M. COMBIN, M. Faroma, M. d'Ollen, Bec de la Sella, Château des Dames, M. Zerbion, M. CERVIN, Petit M. Cervin

Valleys/passes (left to right):
Colle del Gigante, Entrèves, Cormayeur, Pas di Fourçon, Pas di Fenêtre, Colle del Gran S. Bernardo, Colle della Vaux ou de Menoni, AOSTA, Colle della Balme, Colle di Crête Sêche, Nus, Colle di Ollen, Pas di Valpelline, Châtillon, Valtournanche, Pas del Valais ou de S.t Theodule, TORINO, Verres, S. Giacomo nella V.e di Challant

Linea media dei ghiacci perpetui nella Latitudine di 45°.
2600 m
Livello del Mare
Gradi di Longitudine all'Orien.te dell'Osservatorio Reale di Parigi. 4° 30'   Parallelo di 45° e 25'   5°

ALPI PENNINE

1. 1. Valle d'Aosta o della Dora Baltea
2. 2. Valletta di Ferret
3. 3. Valletta di Morge
4. 4. Valletta d'Etroubles o del Gran S. Bernardo
4. 5. Valpelline
6. 6. Valletta di S. Barthelemy
7. 7. Valtournanche
8. 8. Valletta di Challant
9. 9. Vallaise
10. 10. Inclinazione del Po

250.

251.

250.[106] ■ *Deroy Isidore-Laurent.* **Chamouny - Vue Générale. (118).** / Vue de Savoie / Dessiné et lith. par Deroy / Imp. Frick f.res, 20, r. et Passage Sorbonne, Paris. [155x235].

251.[106] ■ *Deroy Isidore-Laurent.* **Chamouny - Hôtel Royal et de l'Union. (104).** / Vue de Savoie / Deroy Lith. [160x230].

252.[106] ■ *Deroy Isidore-Laurent.* **Chamouny - Vue du Jardin. (171).** / Vue de Savoie / Deroy del. et Lith. / Imp. Frick f.res, 17 rue de l'Estrapade (près le Panthéon) Paris. [160x225].

250./261. Vue de Savoie et Vue de Suisse.

252.

253.

254. 255.

184

256.

253.[106] ■ *Deroy Isidore-Laurent.* **Chamouny. Première ascension de l'aiguille du midi par le compte Fernand de Buillé. Escalade du dernier rocher le 5 Aout 1856, 5 heures du matin. (106).** / Vue de Savoie / Deroy lith. / Imp. Lemercier, Paris / Paris, Wild édit, rue de la Banque 15, près la Bourse. [160x230].

254.[106] ■ *Deroy Isidore-Laurent.* **Sallenches - Vue prise de l'Hôtel de Ville.** / Vue de Suisse (?) / Deroy Lith. [160x230].

255.[106] ■ *Deroy Isidore-Laurent.* **Chamouny-Mer de Glace (103).** / Vue de Savoie / Deroy lithogr. / Imp. Lemercier, Paris / Paris, Wild, 15 n. rue de la Banque. [160x225].

256.[106] ■ *Deroy Isidore-Laurent.* **La Cabane sur le Grand Mulet. Au Mont-Blanc (84).** / Vue de Savoie / Deroy del. et lith. / Imp. Lemercier, Paris / Paris, Wild, 15 r. de la Banque. [160x235].

257.

257. ■ *Deroy Isidore-Laurent.* **Les Châlets. Le départ pour les champs.** / Vue du Mont Blanc, et de la Vallée de Chamouny. / Dessiné d'après nature par Deroy / Deroy Lith., fig. par Deroy. [225x370].

258.[106] ■ *Deroy Isidore-Laurent.* **Vue de la Vallée de Chamouny, prise du Col de Balme (N. 17).** / Vue de Suisse / Dessiné d'après nature et lith. par Deroy / Imprimé par Lemercier à Paris / London, pub. by Gambart, Junin & C.o, 25 Berners S.t Oxf. S.t / Paris, publié par Jeannin, 20 Place du Louvre / en Suisse, chez tous les M.ds d'estampes et libraires. [160x225].

259.[106] ■ *Deroy Isidore-Laurent.* **Chamonix et la chaine du mont blanc. 243.** / Vue de Savoie / Deroy lith. / Paris Wild Edit. r. de la Banque 15 / Imp. Lemercier, Paris. [165x243].

260.[106] ■ *Deroy Isidore-Laurent.* **Ascension du Mont Blanc.** / Vue de Savoie / Deroy del. et lith. / Imp. Lemercier, Paris, / Paris Wild rue de la Banque 15 près la Bourse / Charnaux place du bel air. Maison des trois Rois à Genève. [158x232].

261.[106] ■ *Deroy Isidore-Laurent.* **Chamouny. Première ascension de l'Aiguille du Midi par le comte Fernand de Bouillé, Nuit du 4 au 5 août 1856. 3500 mètres au-dessus de la mer, 10 dégrés de froid. (107).** / Vue de Savoie / Deroy Lith. / Imp. Lemercier, Paris. [158x229].

262.[34] 185-. **Mont Blanc, from Chamouni.** / William Collins, London & Glasgow. [73x130].

263.[50] 1850. *Walton W.L.* **Mont Blanc from above the Flégère.** / Plate IV / J.J.B. del W.L. Walton lith. / Printed by Hullmandel & Walton. / John Murray. Albemarle Street, 1849. [102x168].

Chamonix
et la chaine du mont blanc

260.

Ascension du Mont Blanc

MONT BLANC, FROM CHAMOUNI.

262. Cheever: Wanderings of a pilgrim in the shadow of Mont Blanc and the Jungfrau Alp.
263. Forbes: A physician's holiday.

VUE DE SUISSE

Deroy lith.   107   Imp Lemercier Paris

Chamouny

Première ascension de l'aiguille du midi par le comte Fernand de Bouillé
nuit du 4 au 5 août 1856 — 3,500 mètres au dessus de la mer, 10 dégrés de froid.

Paris WILD r de la Banque 15 pres la Bourse

Plate IV

J.J.B. del.   W.L.Walton lith.   Printed by Hullmandel & Walton.

MONT BLANC FROM ABOVE THE FLÉGÈRE.

John Murray, Albemarle Street, 1849

264.

MONT-BLANC

(Hauteur 4,810. m.)

265.

COURMAYEUR ET COL DU GÉANT
Eaux Minérales

264.[69]   1851.   *Ladner Théophile.* **Mont-Blanc (Hauteur 4,810. m.).** [115x86].
265.[69]   1851.   *Ladner Théophile.* **Courmayeur et Col du Géant. Eaux Minérales.** [72x96].
266.[59]   1851.   **Recent ascent of Mont Blanc.** / [360x235].

264./265.   Ladner: Album de la Vallée d'Aoste.
266.   The Illustrated London News.

RECENT ASCENT OF MONT BLANC.—(SEE NEXT PAGE.)

THE PARTY CROSSING THE GLACIER DES BOSSONS.

ABOVE THE GRAND PLATEAU.—A LARGE CREVASSE.

ACCIDENT NEAR THE GLACIER DE TACOUNAG.

THE SUMMIT OF MONT BLANC, SEEN FROM BELOW THE ROCHER ROUGE.

THE GRANDS MULETS—EVENING VIEW.

THE AIGUILLES SANS NOM, SEEN FROM BELOW THE ROCHER ROUGE.

267. 1852. *Guérard Eugène.* **Noce surprise par une avalanche près du village d'Argentiere. Valle de Chamonix. (9).** / La Suisse / Dessiné d'après nature & lithographié par Eugène Guérard / Berlin. Verlag von Goupil et C.ie/ Publié par Goupil et C.ie, Paris-London-New York / Imp. de Jacomme et C.ie, r. de Laucry, 12, Paris. [315x408].

268.[57] 1852. *Bürck J.* **Glacier de la Brenva.** / J. Bürck, d'après une aquarelle de Mr. Hogard / P. Brevet d'Inv. S.g.d. G. Lavis - Aquarelle - Lithographique E. Simon, 1850 / Lithographié et imprimé chez E. Simon à Strasbourg, 1852. [355x660].

269. 1853. *Gastaldi Andre.* **Estremità della morena laterale destra della Brenva vista dalla sega meccanica.** / A. Gastaldi dis. / Lit. F.lli Doyen & C. 1853. [192x315].

268.

269.

268. Hogard: Principaux Glaciers de la Suisse.
270./273. The Ascent of Mont Blanc.

270.

271.

272.

273.

274.

270.[9] 1853. *Baxter George.* **1. The Glacier du Taconnay.** [107x151].

271.[9] 1853. *Baxter George.* **2. Leaving the Grands Mulets.** [107x151].

272.[9] 1853. *Baxter George.* **3. Mur de la Côte.** [107x151].

273.[9] 1853. *Baxter George.* **4. The Summit.** [107x151].

274.[91] 1853. **De Saussure ascending Mont Blanc. Aug.t 3, 1787.** / From an old print in the possession of the Author. / London, D. Bogue, Fleet Street. [85x138].

275.[91] 1853. **The Col de Balme - Mont Blanc in the distance.** [75x73].

276.[91] 1853. **On the road to Les Pelerins.** [58x72].

277.[91] 1853. **Chamouni.** [76x76].

278.[91] 1853. **Cascade des Pelerins.** [100x62].

275.

276.

277.

278.

274./287. Smith: The Story of Mont Blanc.

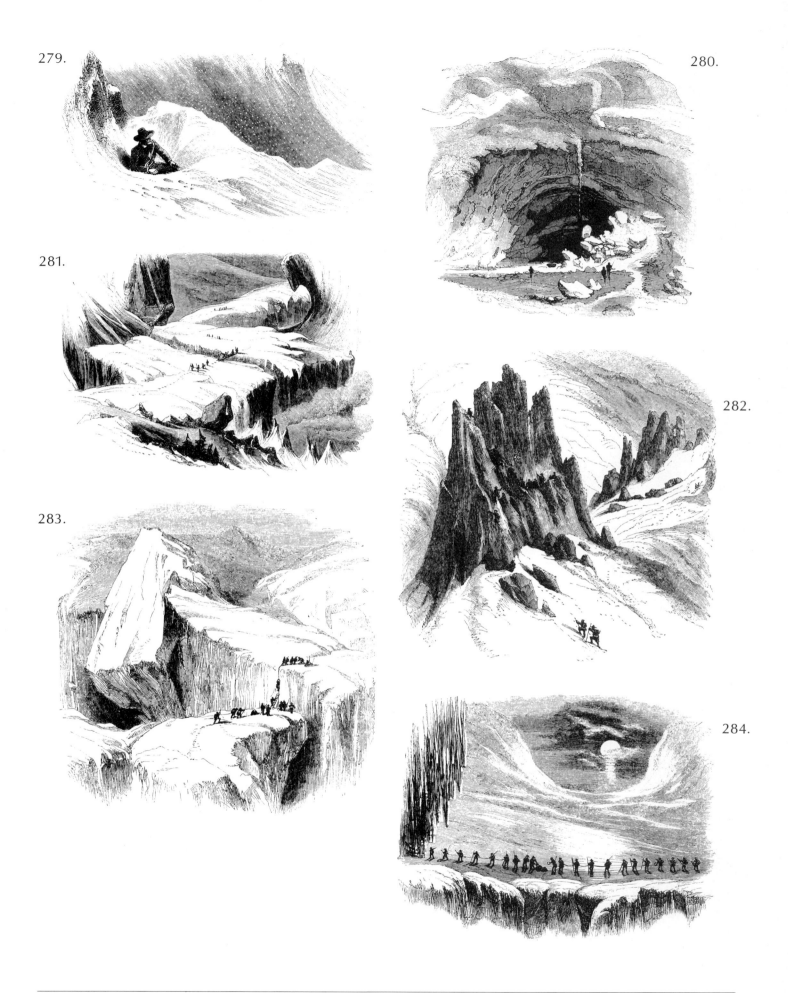

285.

287.

286.

279.[91]   1853.   **Balmat in the snow.** [47x81].

280.[91]   1853.   **Source of the Arveiron, at the foot of the Mer de Glace.** [75x72].

281.[91]   1853.   **Passing the Glacier des Bossons.** [60x82].

282.[91]   1853.   **The bivouac on the Grands Mulets.** [85x85].

283.[91]   1853.   **The crevice in the Glacier du Taconnay.** [85x85].

284.[91]   1853.   **Crossing the Grand Plateau at night.** [67x85].

285.[91]   1853.   **Scaling the Mur de la Côte.** [75x83].

286.[91]   1853.   **«Her».** [63x83].

287.[91]   1853.   **Coming down.** [85x63].

288.[43]   1853.   *Lancelot D.* **Vallée de Chamouny.** / D. Lancelot / C. Maurand. [145x122].

289.[43]   1853.   *Lancelot D.* **La mer de glace.** / D. Lancelot / Jadin. [145x122].

290.[43]   1853.   *Lancelot D.* **Aiguille du Dru.** / D. Lancelot / A. Pontenter. [145x122].

291.[43]   1853.   *Lancelot D.* **Le pic du Géant.** / Lancelot. [145x124].

288.

289.

290.

291.

288./293. Dumas: Impressions de voyage.

292.

293.

294./303. Browne: Ten scenes in the last ascent of Mont Blanc.

295.

296.

297.

292.[43] 1853. *Coppin F.D.* **Jacques Balmat.** / F.D. Coppin / Diolo. [145x123].
293.[43] 1853. *Coppin F.D.* **Maria (Paradis).** F.D. Coppin. [145x125].
294.[28] 1853. *Browne T.D.H.* **Camp on the Grands Mulets.** [292x390].
295.[28] 1853. *Browne T.D.H.* **The top of «La Côte».** [290x393].
296.[28] 1853. *Browne T.D.H.* **First view of the italian side of Mont Blanc, Monte Rosa and the Matter Horn in the distance.** [294x392].
297.[28] 1853. *Browne T.D.H.* **First use of the axe: Grand Plateau and Rochers Rouges at the right.** [290x390].

300.

298.[28] 1853. *Browne T.D.H.* **Searching for the passage at the Crevasse du Dôme.** [428x287].

299.[28] 1853. *Browne T.D.H.* **Crossing the Crevasse du Dôme.** [403x288].

300.[28] 1853. *Browne T.D.H.* **Breackfast on the Grand Plateau: a Guide points to the summit of Mont Blanc.** [288x430].

301.[28] 1853. *Browne T.D.H.* **Incident before reaching the Grands Mulets. - Grands Mulets in the central distance.** [430x290].

302.

302.[28] 1853. *Browne T.D.H.* **The summit of Mont Blanc, Lake of Geneva and Mount Jura in the distance, to the right.** [290x390].

303.[28] 1853. *Browne T.D.H.* **Incidents in the descent and view of the Valley of Chamonix.** [430x292].

304.

Rochers appelés Grands Mulets et Crevasses de Glaces
Sur le Versant occidental du Mont Blanc

304.[33] 1854. **Rochers appelés Grands Mulets et Crevasse de Glaces sur le Versant occidental du Mont Blanc.** / 2 / Lith. Ponssin et C.e, rue St. Maur. 134. [130x205].

305.[100] 1854. *Töpffer Rodolphe.* **L'Allée Blanche, vue du Prè Sec.** / A. de Bar / Bareste. [82x107].

306.[100] 1854. *Töpffer Rodolphe.* / A de Bar. [125x87].

307.[100] 1854. *Töpffer Rodolphe.* **Le Val Ferret.** / Bareste. [82x108].

308.[100] 1854. *Töpffer Rodolphe.* **(Vallée de Courmayeur).** / A. de Bar / Bareste. [87x110].

304. De Chaumont: Alpes et Pyrénées.
305./310. Töppfer: Nouveaux voyages en zigzag.

305.

306.

307.

308.

213

309.

310.

309.[100] 1854. Töpffer Rodolphe. **Le déjeuner au Chalet Ferret.** / Gagnet / Jattiot. [117x158].
310.[100] 1854. Töpffer Rodolphe. **(... et le repas commence...)** / Gérard. [80x117].

311.[112;99] 1854. *Calame Alexandre.* **The Valley of Chamouni.** [112x165].

312.[112] 1854. **Col de la Seigne.** [72x110].

311./319. Williams: The Alps, Switzerland, and the North of Italy.

313.

313.[112] 1854. **Mur de la Côte.** [212×150].

314.[112] 1854. **The Grands Mulets.** / Dalziel sc. [216x152].

315.

315.[112] 1854. **Snow bridge at the Grand Plateau.** [212×151].

316.[112]　1854.　**Climbing a wall of ice.** / M. Jackson sc. [215x152].

317.

317.[112] 1854. *Whymper Josiah Wood.* **Mont Blanc, and the Village of Chamouni.** / sc. E. Whymper. [215x157].
318.[112] 1854. **Mont Blanc, from the Brevent.** [120x163].
319.[112] 1854. **Chamouni.** [72x110].

320.[80] 1855. *Werner J.* **Vue Générale du Mont-Blanc, prise au-dessus de Sallanches.** / Savoie / Province de Faucigny / Lith. J. Perrin, Libr. Édit. à Chambery / J. Werner del. [84x134].

320. De Mortillet: Guide de l'étranger en Savoie.

321.[30] 1855. *Carrel Georges.* **Panorama Boréal de la BECCA DE NONA (Pic d'onze heures) au S.S. Est de la Cité d'Aoste a l'altitude de 3165 mètres, soit les Alpes Pennines vues de cette Cime depuis le Mont Blanc, jusques au Mont Rose. Par le Ch. G. Carrel av. 1855.** / Turin. Lith. F.li Doyen / Proprieté de l'Auteur. [118x1290].

321. Carrel: Les Alpes Pennines dans un jour soit panorama boréal de la Becca de Nona depuis le Mont Blanc jusqu'au Mont Rose.

322. 1856. [205x155].

323. ~1856. *Winterlin Anton.* **Arrivée aux Grands Mulets. Ascension du Montblanc.** / Winterlin pinxit / Hirchenhein sculp.t / Hasler & C.ie éditeurs à Bâle. [209x154].

324.

326.

324.[7] 1856. *Anderson Eustace.* **The Col de Bonhomme from the Plain des Dames.** / From a sketch by E. Anderson Esq. / Litho. by Tho.s Turner. Hatton Garden. [81x138].

325.[7] 1856. *Anderson Eustace.* **The Glacier des Bossons and the Aiguille du Midi from the Pavillon des Pyramides.** / From a sketch by E. Anderson Esq. / See P. 45 / Litho. by Tho.s Turner. Hatton Garden. [81x289].

326.[58] 1856. *Hanhart Michael.* **Our mountain encampment (from a photograph by G. Joad).** / Hanhart Lith. [97x151].

327.[60] 1858. **A party of Tourists crossing the Mer de Glace.** [180x121].

324./325. Anderson: Chamouni and Mont Blanc: a visit to the valley and an ascent of the mountain in the autumn of 1855.
326. Hudson, Kennedy: An ascent of Mont Blanc by a new route and without guides.
327. The Illustrated London News.

325.

327.

328./330. Ducommun: Une excursion au Mont Blanc.

Passage du Corridor sous les Rochers Rouges

328.[42] 1859. *Ducommun J.C.* **Halte à la Tete Rousse.** [105x138].
329.[42] 1859. *Ducommun J.C.* **Ascension du Dôme.** / J.C. [90x130].
330.[42] 1859. *Ducommun J.C.* **Passage du Corridor sous les Rochers Rouges.** / J.C. [195x135].

331.  332.

333.  334.

331./339. Coleman: Scenes from the snow-fields; being illustrations of the upper ice-world of Mont Blanc.

335./336.

331.[37]   1859.   *Coleman Edmund T.* **View from the Forest of Pélerins, showing the Montagne de la Côte (De Saussure's route), with the Glacier des Bosson and the Aiguille and the Dôme du Gouté.** Pl. I / E.T. Coleman del. / Vincent Brooks lith. [246x345].

332.[37]   1859.   *Coleman Edmund T.* **Icebergs on the Glacier de Bossons, looking towards the valley.** / Pl. III. [240x358].

333.[37]   1859.   *Coleman Edmund T.* **A great Crevasse at the foot of the Rochers Rouges.** / Pl. IX / E.T. Coleman del. / Vincent Brooks lith. [240x359].

334.[37]   1859.   *Coleman Edmund T.* **The Glacier du Taconnay.** / Pl. IV / E.T. Coleman del. / Vincent Brooks lith. [243x360].

335.[37]   1859.   *Coleman Edmund T.* **The Region of Séracs.** / Pl. V / E.T. Coleman del. / Vincent Brooks lith. [256x405].

336.[37]   1859.   *Coleman Edmund T.* **View on the Glacier des Bosson.** / Pl. II / E.T. Coleman del. / Vincent Brooks lith. [241x358].

337.

338.

337.[37]   1859.   *Coleman Edmund T.* **View from the Grands Mulets, looking towards the mountain; the Cabin in foreground.** / Pl. VI / E.T. Coleman del. / Vincent Brooks lith. [242x356].

338.[37]   1859.   *Coleman Edmund T.* **The Grand Plateau. Sunrise.** / Pl. VIII / E.T. Coleman del. / Vincent Brooks lith. [241x360].

339.[37]   1859.   *Coleman Edmund T.* **Views from the Grands Mulets, looking over the Valley; the reserve of the above. Twilight. Plates VI. and VII. embrace the entire Panorama.** / Pl. VII / E.T. Coleman del. / Vincent Brooks lith. [188x447].

340.   ~1860   *Barnard George.* **Mont Blanc f.m n.r Cormayeur.** / Val d'Aoste. G.B. [270x193].

340.

341.

341. Wills: The Eagle's nest.
342./347. Manning: Swiss pictures, drawn with pen and pencil.

345.

346.

347.

341.[113]   1860.   **The Aiguilles Rouges, with the opening to the Buet, as seen from the Tête Noire.** / L.W. del.t / Hanhart Lith. [158x98].

342.[73]   186-.   *Whymper Edward.* **The Col du Bonhomme.** [97x73].

343.[73]   186-.   *Whymper Edward.* **Montanvert.** [94x65].

344.[73]   186-.   *Strassberger Bruno Heinrich.* **On the Mer de Glace.** [126x106].

345.[73]   186-.   **Mont Blanc and the Valley of Chamouni from Sallenches.** [151x217].

346.[73]   186-.   *Whymper Edward.* **Courmayeur.** [112x150].

347.[73]   186-.   *Whymper Edward.* **The Aiguille du Dru, from near the Montanvert.** [150x111].

348./352. L'Illustration, Journal Universel.

349.

348.[61] 1860. *Rouargue Adolphe.* **Ascension au Mont-Blanc. - D'après une photographie de MM. Bisson frères.** / A. Rouargue del. [222x220].

349.[62] 1860. *Marc M.A.* **Excursion de Leurs Majestés à la Mer de Glace. - D'après un dessin de M.A. Marc.** / Best H. C.ie [145x210].

350.[62] 1860. *Lange Janet.* **Costume de Sa Majesté l'Impératrice pour son excursion à la mer de Glace.** / Janet Lange. [155x202].

351.[62] 1860. *Marc. M.A.* **Vue générale de la vallée de Chamounix. - D'après les dessins de M.A. Marc.** [140x210].

352.[62] 1860. *Marc M.A.* **Leurs Majestés se rendant à la mer de Glace. - D'après un dessin de M.A. Marc.** / H. Linton. / E. Grandsire. [325x225].

350.

351.

246

354. **Tyndall: The Glaciers of the Alps.**
355. **Joanne: Itinéraire descriptif et historique de la Savoie.**

353.[62] 1860. **L'Impératrice se rendant à la mer de Glace.** / Best & C. [222x170].

354.[101] 1860. *Justine.* **The Mer de Glace. Showing the Cleft Station at Trélaporte, les Echelets, the Tacul, the Périades and the Grande Jorasse.** / Justine del. / J. Cooper sc. [91x144].

355[65] 1860. *Bruner.* **La Chaîne du Mont-Blanc vue du Brévent.** / Bruner del. / Andrew. Best. Leloir. s. / 1. Aiguilles Rouges. / 2. Cabane de la Flégère, 1908 mèt. / 3. Chalets de la Charlanoz. / 4. Chalet du Planprat ou Pliampra, 2068 m. / 5. Sentier du Planprat au Prieuré. / 6. Aux Escaliers. / 7. Montagnes de la chaîne septen. du Valais. / 8. Rochers de la Croix-de-Fer. / 9. Le Col de Balme, 2362 mèt. / 10. Chalets de Cheramillion. / 11. Village du Tour. / 12 Aiguille du Tour, 3495 mèt. / 13. Glacier du Tour. / 4. Aiguille du Chardonnet. / 15. Aiguille d'Argentière, 3927 mèt. / 16. Glacier d'Argentiere. / 17. Aiguille Verte, 4081 mèt. / 18. Aiguille du Dru, 3906 mèt. / 19. Aiguille du Moine, 3858 mèt. / 20. Glacier du Nant-Blanc. / 21. Aiguille du Bochard. / 22. Le Chapeau. / 23. Village de Lavanchy. / 24. Les Tines. / 25. Village de Bois. / 26. Village de Prés. / 27. Source de l'Arveiron. / 28. Glacier de Bois. / 29. Rochers des Mottets. / 30. La Mer-de-Glace. / 31. Hospice du Montanvers, 1908 mèt. / 32. Aiguille de Léchaud. / 33. Aiguilles des Charmoz, 2783 et 2524 mèt. / 34. Aiguilles des Grandes-Jorasses, 4021 mèt. / 35. Aiguille du Greppond, 3670 mèt. / 36. Aiguille de Blaitière et du Plan, 3688 mèt. et 3563 mèt. / 37. Aiguille du Midi, 3916 mèt. / 38. Glacier des Pèlerins. / 39. Glacier de Blaitière. / 40. Glacier de Greppond. / 41. Le Plan-de-l'Aiguille, 2565 mèt. / 42. Chalet de Blaitière dessus, 1910 mèt. / 43. Chalets dits sur le Rocher. / 44. Sentier du Montanvers. / 45. Sentier de la Filia. / 46. Hameau des Planaz. / 47. Village des Muilles. / 48. Le Prieuré, ou bourg de Chamonix, 1023 m. / 49. L'Arve. / 50. Village des Favrans. / 51. Village des Pèlerins. / 52. Cascade et Nant-des-Pèlerins. / 53. Pont de Perolataz. / 54. Le Mont-Blanc du Tacul. / 55. Le Mont-Maudit. / 56. Le Mont-Blanc, 4811 mèt. / 57. Dôme du Goûter, 4324 mèt. / 58. Aiguille du Goûter, 3719 mèt. / 59. Le Grand-Rocher-Rouge. / 60. Le Grand-Plateau, 3990 mèt. / 61. Roch. des grands et petits Mulets, 3455 mèt. / 62. Glacier des Bossons. / 63. Village des Bossons. / 64. Montagne de la Côte. / 65. Glacier de Tacconay. / 66. Montagne des Féaux, ou de Tacconay. / 67. Montagne de la Gria. / 68. Pierre-Ronde. / 69. Mont-Lachat. / 70. Aiguille de Bionnassay. / 71. Le Mont-Blanc Saint-Gervais. / 72. Glacier de Bionnassay. / 73. Montagne de Tricod. / 74. Aig. de Rousselette au Col du Bonhomme. / 75. Lac du Brévent. / 76. Pavillon de Bellevue au col de Voza, 2115 m. / Imprimé par Ch. Lahure et C.ie. [87x345].

356.

357.

356.[11] 1860. *Aubert Édouard.* **Pré-Saint-Didier et la Chaine du Mont-Blanc.** / E. Aubert del. / E. Chavanne sc. / Amyot, Éditeur, Paris, 1860. [145x215].

357.[11] 1860. *Aubert Édouard.* **Bains de La-Saxe, à Courmayeur.** / E. Aubert del. / E. Chavanne sc. / Amyot Éditeur - Paris. 1860. [145x215].

358.[11] 1860. *Aubert Édouard.* **Courmayeur.** / E. Aubert del. / E. Chavanne sc. / Amyot Éditeur, Paris, 1860. [145x215].

356./360. Aubert: La Vallée d'Aoste.

359.

360.

361.

359.[11]   1860.   *Aubert Édouard.* **Chalets de Vény.** / E. Aubert. / Marchand sc. [95x140].

360.[11]   1860.   *Aubert Édouard.* **Lac de Comballes (Vue prise de l'Est).** / E. Aubert / Marchand. [95x140].

361.[63]   1861.   **Les Montées, près de Servoz.** [154x104].

361./362.   L'Illustration, Journal Universel.

362.

363.

363. Costello: Piedmont and Italy, from the Alps to Tiber.
364. Catlow: Sketching rambles; or, nature in the Alps and Apennines.
365. Wills: Wandering among the High Alps.
366. L'Illustration, Journal Universel.

362.[63]   1861.   **Séracs du Géant (Chaine du Mont-Blanc). - D'après les photographies de MM. Bisson frères.** [125x210].

363.[38]   ~1861.   *Brockedon William.* **The Lake of Geneva, and Mont Blanc. (From the Forest of Nion).** / W. Brockedon. J.T. Willmore. [111x174].

364.[31]   1861-62.   **Mont Blanc from Chamouni. Aiguille du Midi. Mont Blanc de Tacul. Grands Mulets. Le Mont Blanc. Dome de Gouté. Aiguille de Gouté.** / Ashbee & Dangerfield, Lith. [93x158].

365.[114]   1861.   *L.W.* **Night encampment on the Mer de Glace. Looking towards the Col de Géant.** / L.W. del. / Day & son, Lith.rs to the Queen. [90x140].

Les Bossons, chemin du Mont-Blanc.

Glacier du Talèfre et Jardin.

VUE PRISE DU SOM

La mer de Glace, vue de la Flégère.

Ascension du Mont-Bla

Aiguille Verte (4,081 mètres).   Aiguille du Dru.   Grandes Jorasses.   Aiguille du Géant. Aiguille de Charmoz.

VUE PANORAMIQUE DE LA CHAÎNE

MONT-BLANC.   Grandes Jorasses.   Le Montanvers et Aiguilles de Charmoz.

...art des Grands-Mulets.   Le Mont-Blanc, vu du Jardin.

Mont Maudit.   Sommet du Mont-Blanc (4,810 mètres).   Dôme du Goûté.

...-BLANC, PRISE DU HAUT DU BUET.   Chaîne des Aiguilles-Rouges.   Brévent.

367.

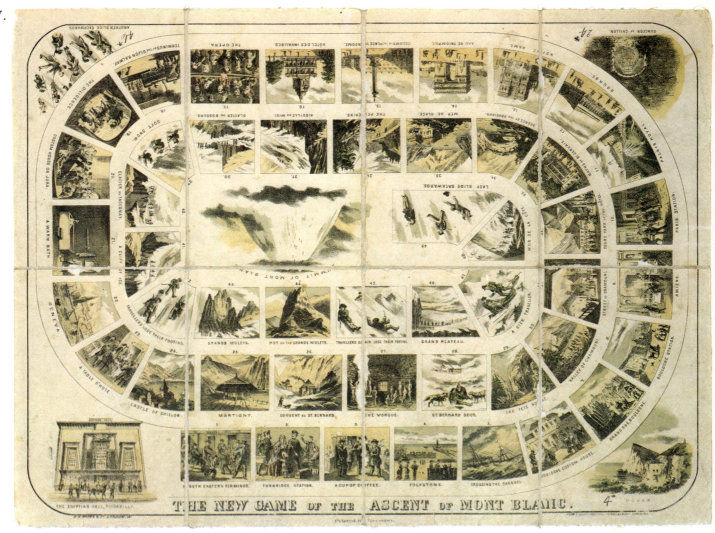

366.[64] 1861. Rouargue Adolphe. **Les Bossons, chemin du Mont-Blanc. / Vue prise du sommet du Mont Blanc. / Le Montanvers et Aiguilles de Charmoz. / La mer de Glace, vue de la Flégère. / Ascension au Mont-Blanc, depart des Grands-Mulets. / Le Mont-Blanc, vu du Jardin. / Vue panoramique de la Chaîne du Mont-Blanc, prise du haut du Buet.** / A. Rouargue. [320x460].

367.[86] 1861. **The new game of the ascent of Mont-Blanc.** / A.N. Myers & C.y, London, W. / From C. Adler Printing Establishment, Hamburg. / Printed in Germany. [390x513].

Zweite Auflage des «Game of the ascent of Mont Blanc», 1851 erschienen aufgrund der Besteigung durch Albert Smith.

368.[93] 1863. *Baumann.* **Genève & le Mont-Blanc.** / F. Margueron Édit., Genève / Baumann del. et Lith. [76x182].

369.[93] 1863. *Baumann.* **Le mauvais pas (chemin du Chapeau au Montanvert).** / Le Moine / Le Mont Mallet / Le Géant / Les Charmoz / Le Montanvert. / Publié à Genève par Frédéric Margueron, Place du Lac. / F. Baumann del. et lith. / Impr. F. Margueron. [140x98].

367. Rules for playing the new game of the Ascent of Mont Blanc.
368./377. Souvenirs de la Suisse et des Alpes.

370.[93] 1863. *Loppé Gabriel.* **La Mer de Glace du Montanvert à Chamounix.** / Loppé del. / J. Arnout lith. / Bècherat Édit., Place du Lac, 171. Genève. / Impr. Lemercier, Paris. [99x136].

371.[93] 1863. *Loppé Gabriel.* **Village de Chamounix. Chaîne du Mont Blanc.** / Loppé del. / Arnout Fils lith. / Bècherat Édit., Place du Lac, 171. Genève. / Imp. Lemercier, Paris. [99x136].

372.[93] 1863. *Loppé Gabriel.* **Le Mont Blanc de S.t Martin. Route de Chamounix.** / Loppé del. / Arnout Fils lith. / Bècherat. Édit., Place du Lac, 171. Genève. / Impr. Lemercier, Paris. [97x137].

373.[93] 1863. *Baumann.* **Les Grands Mulets, (Ascension d'Albert Smith).** / Publié à Genève par Frédèric Margueron, Place du Lac / F. Baumann del. et lith. / Imp. F. Margueron. [97x140].

371.

372.

373.

374.

374.[93] 1863. *Loppé Gabriel.* **Le Mont Blanc. Vu de la route de chamounix.** / Loppé del. / Arnout Fils lith. / Bècherat Édit., Place du Lac, 171. Genève. / Imp. Lemercier, Paris. [98x137].

375.[93] 1863. *Loppé Gabriel.* **Vue de la route du Chapeau, du Glacier des Bains, du Montanvert à Chamounix.** / Loppé del. / J. Arnout lith. / Bècherat Édit., Place du Lac, 171. Genève. / Imp. Lemercier, Paris. [99x135].

376.

377.

376.[93] 1863. *Baumann.* **Halte au Col du Géant, (Ascension de M. De Saussure).** / Aiguille du Géant, Aig. Marbrée, Col du Géant, Tour Ronde, Flambeau / Publié à Genève par Frédéric Margueron, Place du Lac / F. Baumann del. et lith. / Imp. Margueron. [99x142].

377.[93] 1863. *Baumann.* **Ascension du Mont-Blanc par M.lle d'Angeville.** / Publié à Genève par Frédéric Margueron, Place du Lac / F. Baumann del. et lith. / Imp. Margueron. [141x98].

378. 1863. *Ciceri Eugène.* **La Chaîne du Mont-Blanc vue de la Flégère.** / Eug. Ciceri lith. / Photographié par Martens / Berlin, Verlag von Coupil & Co. / Publié par Coupil et C.ie le 1.r Avril 1863 / Paris-London-La Haye / Imp. Lemercier, Paris. [279x1003].

379.

380.

381.

379./381.   Lacroix: Nouveau guide général du voyageur en Suisse, suivi du Tour du Mont-Blanc.
382.   Cimino: Giornale delle Alpi, Appennini e Vulcani.

379.[68] 1864. **Vallée de Chamounix.** [90x145].

380.[68] 1864. **Bas de la mer de glace.** [148x90].

381.[68] 1864. *Rouget François.* **Col de la Seigne.** / Rouget. [74x87].

382. 1864. *Haimann.* **Il Monte Bianco dal Col de la Seigne.** / M. Bianco / Aiguilles du Miage / M. Combin / M. Velan / Col de Ferret / Lago di Combal / J. Haimann dis. dal vero. / Torino. Lit. F.lli Doyen, 1864. [109x187].

383. 1864. *Ciceri Eugène.* **Les Grandes Pyramides au Glacier des Bossons (Savoie) (86).** / La Suisse, la Savoie et le Tyrol. / Photographié par Martens / Imp. Lemercier, Paris / Lithographiè par E. Ciceri. / Publié par Coupil et C.e le 1.r Avril 1864. / Paris-Londres-Le Haye-Bruxelles. / Berlin, Verlag von Coupil & Co. / New York. Published by M. Knoedler. [270x395].

384.[20] 1864. *Benoist Félix.* **Le Mont-Blanc et la Chaîne des Aiguilles Rouges. Vue prise du sommet du Buet. (Dép.t de la H.te Savoie).** / Nice et Savoie. / Nantes, lith. Charpentier, Edit-Paris, quai des Augustins, 55. / Félix Benoist del. & lith. Fig. par Bayot. [225x315].

385.[20] 1864. *Benoist Félix.* **La Mer de Glace. Vue de la Flégère. (Dép.t de la H.te Savoie).** / Nice et Savoie. / Nantes, lith. Charpentier, Edit-Paris, quai des Augustins, 55. / Félix Benoist del. Sabatier lith. Fig. par J. Gaildrau. [225x316].

384./388. Benoist: Nice et Savoie.

385.

386.

387.

388.

386.[20]   1864.   *Benoist Félix.* **La Vallée de Chamonix et le Mont Blanc. Vue prise de la route d'Argentière (Dép.t de la H.te Savoie.** / Nice et Savoie. / Nantes, lith. Charpentier, Edit-Paris, quai des Augustins, 55. / Félix Benoist del. Eug. Ciceri lith. Fig. par J. Gaildrau. [225x315].

387.[20]   1864.   *Benoist Félix.* **Le Mont Blanc et la Vallée de Chamonix. Vue prise du Sentier de la Flégère. (Dép.t de la H.te Savoie).** / Nice et Savoie. / Nantes, lith. Charpentier, Edit-Paris, quai des Augustins, 55. / Félix Benoist del. Sabatier lith. [225x317].

388.[20]   1864.   *Benoist Félix.* **La Mer de Glace et la Vallée de Chamonix. Vue prise du Chapeau. (Dép.t de la H.te Savoie).** / Nice et Savoie. / Nantes, lith. Charpentier, Edit-Paris, quai des Augustins, 55. / Félix Benoist del. & lith. Fig. par Bayot. [223x315].

389.

390.

389./391. Dickenmann: Souvenir de la Suisse.

389.[41]   ~ 1865.   *Dickenmann Johann-Rudolf.* **Panorama de la Chaîne du Montblanc depuis la Flégère.** Dessiné et gravé par R. Dikenmann. [165x668].

390.[41]   ~ 1865.   *Dickenmann Johann-Rudolf.* **Vue de village de Chamouni, du Montblanc et du glacier des Bossons.** / Zurich, chez R. Dikenmann, peintre. [127x183].

391.[41]   ~ 1865.   *Dickenmann Johann-Rudolf.* **Vue du Mont Blanc et de la Vallée de Chamouny.** / Zurich, chez R. Dikenmann, peintre. Neustad. [128x186].

398.

392.[21] 1865. *Pahrens.* **Col de Balme, / mit dem Montblanc und dem Chamouny-Thal. / vers le Montblanc et la Vallée de Chamouny.** [66x85].

393.[21] 1865. *Pahrens.* **Chamouny, / mit dem Montblanc. / vers le Montblanc.** [66x85].

394.[21] 1865. *Pahrens.* **Les Praz u. Aiguille du Dru. / Chamouny-Thal. / Vallée de Chamouny.** [85x66].

395.[21] 1865. *Pahrens.* **Mer de Glace. (Chamouny).** [85x66].

396.[66] 1865. **A glacier table.** [119x70].

397.[66] 1865. **Mont Blanc, from Sallenches.** [117x69].

398.[1] 1865. (Whymper?). **The western face of Mont Blanc.** [98x160].

392./395. Berlepsch: Nouveau Guide en Suisse.
396./397. Jones: The regular Swiss round in three trips.
398. The Alpine Journal.

399.

400.

401.

399.[109] 1866. *Terry Henry John.* **Mont Blanc.** / Terry Del. et Lith. / Imp. Pilet & Cougnard, Genève / Terry, Pilet et Cougnard Éditeurs. / Deposé. [210x298].

400.[109] 1866. *Terry Henry John.* **Mer de Glace.** / Terry Del. et Lith. / Imp. Pilet & Cougnard, Genève / Terry, Pilet et Cougnard Éditeurs. / Deposé. [210x293].

401. [109] 1866. *Terry Henry John.* **Col de Balme.** / Terry Del. et Lith. / Imp. Pilet & Cougnard, Genève / Terry, Pilet et Cougnard Éditeurs. [209x299].

399./401. Wey: La Haute Savoye. Récits de voyage et d'histoire.

402.

403.

402.[107] 1867-1868. *Walton Elijah.* **Near Courmayeur - Cloud streamers.** [224x150].
403.[107] 1867-1868. *Walton Elijah.* **The Dent du Midi, from near Champery.** [355x252].
404.[107] 1867-1868. *Walton Elijah.* **The Aiguilles Verte and du Dru, from near Chamouni.** [250x172].
405.[107] 1867-1868. *Walton Elijah.* **The Dent du Midi, from the valley of the Rhone.** [353x248].
406.[107] 1867-1868. *Walton Elijah.* **Mont Blanc, from the Col d'Anterne.** [356x250].
407.[107] 1867-1868. *Walton Elijah.* **Crevasse on the Mer de Glace.** [356x250].
408.[107] 1867-1868. *Walton Elijah.* **Sunset on the Aiguille and Glacier de Trient.** [357x253].

402./408. Walton: Peaks and Valleys of the Alps.

409.

411.

410.

409.[115;81] 1869. *De Bar Alexandre.* **L'Aiguille du Midi.** / A. de Bar / Sargent. [80x129].

410.[115;81] 1869. *De Bar Alexandre.* **Le mont Blanc vu du Brévent.** / A. de Bar. / Meyer-Heine sc. [80x129].

411.[115] 1869. *De Bar Alexandre.* **Le col du Géant.** / de Bar. [61x80].

412.[92] 187-. *Dubois Jean.* **Ascension de M.r De Saussure au Mont Blanc en 1787.** / A.d Cuvillier lith. Fig. par J. Gaildrau / J. Du Bois del. / Imp. Lemercier à Paris / Briquet et fils à Genève. [89x118].

413.[92] 187-. *Cuvillier Armand.* **Village et Glacier d'Argentiere (Chamonix).** / A.d Cuvillier d'ap. J. Du Bois / Briquet et fils à Genève / Imp. Lemercier à Paris. [88x118].

409./410. Mountain adventures in the various countries of the world.
409./411. Zurcher et Margollé: Les ascension célèbres.
412./418. Souvenir de Chamouni.

412.

413.

414.

415.

416.

414.[92] 1870. *Cuvillier Armand.* **Retour de l'Ascension de M.r de Saussure au mont Blanc en 1787.** / Briquet et fils à Genève / A.d Cuvillier lith. [89x118].

415.[92] 187-. *Dubois Jean.* **Retour de l'Ascension de M.r De Saussure au Mont Blanc en 1787.** / A.d Cuvillier lith. Fig. par J. Gaildrau / Imp. Lemercier à Paris / J. Du Bois del. / Briquet & fils à Genève. [89x118].

416.[92] 187-. *Cuvillier Armand.* **Le Mont Blanc, vu du Jardin (Chamouni)** / Cuvillier lith. / Briquet & Fils à Genève / Imp. Lemercier à Paris. [87x116].

417.[92] 187-. *Cuvillier Armand.* **Le Mont-Blanc et la Vallée de Chamouni, vus du Col de Balme.** / A.d Cuvillier d'ap. J. Du Bois / Briquet & Fils, à Genève / Imp. Lemercier, à Paris. [88x119].

418.[92] 187-. *Cuvillier Armand.* **Glacier des Bosson (Chamouni)** / Cuvillier lith. / Briquet & Fils à Genève / Imp. Lemercier à Paris. [87x116].

417.

418.

419.

420.

421.

419./423. Zurcher et Margollé: Les Glaciers.

422.

423.

419.[116]   1870.   **Source de l'Arveyron.** [80x129].
420.[116]   1870.   **Le mont Blanc vu du Jura.** [79x129].
421.[116]   1870.   **Le mont Blanc.** [80x130].
422.[116]   1870.   *De Bar Alexandre.* **La Mer de glace.** [80x130].
423.[116]   1870.   **Ouragan sur la Mer de Glace.** [79x129].

424.

424. ● *Whymper Edward.* **The range of Mont Blanc.** / Whymper. [155x232].

425. ● *Cenni.* **Un viaggio a Valsavaranche. - Il Monte Bianco e la Valle d'Aosta, dal forte Roc.** (Disegno del sig. Cenni). / Cenni dis. [112x167].

426. ● *Doyen.* **Notre Dame de Guérison à Courmayeur.** / Torino. F.lli Doyen. [80x56].

425.

426.

NOTRE DAME DE GUÉRISON
à Courmayeur.

427.

Aiguille du Dru.   Aiguilles des Charmoz.
THE *MER DE GLACE*, OR SEA OF ICE FROM MONTANVERT, ON MONT BLANC.

427. ● **The Mer de Glace, or sea of ice from Montanvert, or Mont Blanc.** / Aiguille du Dru / Aiguilles des Charmoz. [147x209].

428. ● **(Vallée d'Aoste) COURMAYEUR (Vallée d'Aoste). Station d'eaux minérales. - Bains sulfureux, ferrugineux et hydrothérapiques.** / Torino. Lit. Fr. Doyen / 1. Mont Chétif. 2. Glacier des Toules et d'Entrèves. 3. Mont Chuc. 4. Col de la Tour ronde. 5. Tour ronde. 6. Rocher et Col du Géant. 7. Glacier de Mont Fréty. 8. Mont Fréty. 9. Aiguilles Marbrées. 10. Col de Rochefort. 11. Dent du Geant. 12. Mont Mallet. 13. Aiguille de Rochefort. 14. Dôme de Rochefort. 15. Glacier de Rochefort. 16. Mont de Saxe. 17. Pavillon de Mont Fréty. [229x402].

429. ● **(Italie) COURMAYEUR (Vallée d'Aoste). Station alpine - Eaux minerales. Hôtel du Mont Blanc. Bochatey Frères propriétaires.** / Lit. Doyen di L. Simondetti. Torino. [475x640].

428.

429.

EXTRÉMITÉ INFÉRIEURE DU GLACIER DES BOSSONS.
Vallée de Chamonix.

430. ● *Loppé Gabriel*. **Extrémité inférieure du Glacier des Bossons. Vallée de Chamonix.** / La Savoie hist.que pitt.que / Province de Faucigny. / Lith. J.h Perrin Libr. Édit. à Chambéry. / Proprieté / Loppé del. J. Werner Lith. [144x202].

431. ● *Loppé Gabriel*. **Rochers et Cabane des Grands Mulets, au dessus du glacier des Bossons.** / La Savoie hist.que / pitt.que / Province de Faucigny / Lith. J. Perrin Libr. Édit. à Chambéry. / Loppé del. - J. Werner Lith. [144x202].

432. ● *Bachmann Hans*. **Vallée de Chamonix.** / Bachmann del. et lith. / Imp. Lemercier à Paris. [352x550].

431.

432.

433.

434.

435.

302

436.

433.[110;111] 1871. *Whymper Edward.* **Ice pinnacles on the Mer de Glace.** / Whymper sc. [80x75].

434.[110] 1871. *Whymper Edward.* **On the Mer de Glace.** [Ø 91].

435.[110;111] 1871. *Whymper Edward.* **The Summit of the Col Dolent.** / J.M. / Whymper sc. [173x113].

436.[110;111] 1871. *Whymper Edward.* **The Grandes Jorasses and the Doire Torrent, Val Ferret (d'Italie).** / J.M. / Whymper sc. [138x101].

437.[2] 1871. *Whymper Edward.* **Descent of the Aiguille du Midi.** / Whymper sc. / M.J. [105x174].

438.[2] 1872. *Whymper Edward.* **The Aiguille de Géant, from the North-West.** / Whymper. [144x89].

439.[78] 1872. *Skelton Joseph.* **View of Mont Blanc, from Sallenches.** / J. Skelton / Morison sc. [158x105].

440.[78] 1872. *Skelton Joseph.* **Village of Chamounix.** / J. Skelton. [73x105].

441.[78] 1872. *Skelton Joseph.* **View of Mont Blanc and its glacier, from the Brevent.** / J. Skelton. [165x103].

433./436. Whymper: Scrambles amongst the Alps in the years 1860-69.
437./438. The Alpine Journal.
439./441. Michelet: The Mountain.

437.

438.

304

439.

440.

441.

442.

443.

442./446. Dupaigne: Les Montagnes.

444.

445.

446.

442.[44] 1873. *Riou Edouard.* **Source de l'Arveyron, à la base de la mer de Glace.** / Riou / Pannemaker. [151x100].

443.[44] 1873. *Riou Edouard.* **Les aiguilles de la mer de Glace et la vallée de Chamounix, vues du Chapeau.** / Riou. [152x100].

444.[44] 1873. *Riou Edouard.* **Au milieu du glacier.** / Riou / Pannemaker. [113x100].

445.[44] 1873. *Riou Edouard.* **Mer de Glace vue du Montanvers.** / Riou / Pannemaker. [115x100].

446.[44] 1873. *D.W.* **Mont Blanc.** / D.W. / Hurel. [36x94].

447.

447. Walton: Vignettes: Alpine and Eastern.

Die Mont-Blanc-Kette
vom Brevent aus.

447.[108]   1873.   *Walton Elijah.* **Pines in winter - Near Courmayeur, with Mont Blanc.** [180x132].

448.[55]   1874.   **Die Mont-Blanc-Kette vom Brevent aus.** [98x188].

449.[53]   1874.   *Hall Sydney Prior.* **An autumn tour in Switzerland, VII. - Climbing Mont Blanc.** / **Night before the start - Outside the Hotel / Through the snow / Interior of hut, Grand Mulets / So far and so farther / Crossing the Glacier des Bossons / Dubbing boots on the top of Grand Mulets / In bed / Signalling to Chamounix.** [310x481].

448.   Grube: Alpenwanderungen.
449.   The Graphic.

NIGHT BEFORE THE START—OUTSIDE THE HOTEL

THROU[GH]

SO FAR A[S]

CROSSING THE GLACIER DES BOSSONS

DUBBING BOOTS ON THE TOP OF GRAND MULETS

AN AUTUMN TOUR IN SWITZER[LAND]

IE SNOW

D FARTHER

IN BED

INTERIOR OF HUT, GRAND MULETS

SIGNALLING TO CHAMOUNIX

ND, VII.—CLIMBING MONT BLANC

450.

451.

450. ~1875. *Weber Gottlieb Daniel Paul.* **Chamouny und der Mont Blanc.** / Nach Photographie arrangirt v. P. Weber. / Fr. Müller sculp.t / Druck & Verlag von G.G. Lange in Darmstadt. [121x180].

451. ~1875. *Rohbock Ludwig.* **Glacier d'Argentière.** / Nach Photographie arrangirt v.L. Rohbock. / G.M. Kurz sculp.t / Druck & Verlag von G.G. Lange in Darmstadt. [125x184].

452. ~1875. *Rohbock Ludwig.* **Partien am Montanvert.** / Aiguille du Dru / Mer de Glace / L. Rohbock del.t / A.J. Terwen sculp.t / Druck & Verlag von G.G. Lange in Darmstadt. [109x180].

453.

453.[51] 1875. **Courmayeur.** / Lit. Doyen / L. Mensio ed. [115x180].

454.[8] 1876. [58x80].

455.[52;11] 1876. *Aubert Édouard.* **Pierre-Taillé et le Mont-Blanc.** / Marchand / E. Aubert. [96x142].

456.[105] 1876. *Viollet-le-Duc Eugène Emmanuel.* **Sommet de l'aiguille du Midi.** [110x95].

457.[105] 1876. *Viollet-le-Duc Eugène Emmanuel.* **Massif vu du sommet du Buet.** [68x100].

458.[105] 1876. *Viollet-le-Duc Eugène Emmanuel.* **L'aiguille verte, prise du col de Balme.** [70x100].

453. Giusta: Guida ai bagni ed alle acque minerali solforose... di Courmayeur.

454. D'Arve: Les fastes du Mont Blanc.
455. Gorret: Guide de la Vallée d'Aoste.
456./464. Viollet-le-Duc: Le Massif du Mont-Blanc.

464.

459.[105] 1876. *Viollet-le-Duc Eugène Emmanuel.* **L'aiguille verte, prise du glacier des Pèlerins.** [70x100].
460.[105] 1876. *Viollet-le-Duc Eugène Emmanuel.* **L'aiguille verte, prise des lacs Blancs.** [98x101].
461.[105] 1876. *Viollet-le-Duc Eugène Emmanuel.* **Le mont Maudit.** [151x101].
462.[105] 1876. *Viollet-le-Duc Eugène Emmanuel.* **Le Sommet du Mont Blanc.** [54x98].
463.[105] 1876. *Viollet-le-Duc Eugène Emmanuel.* **Le glacier de la Brenva.** [70x100].
464.[105] 1876. *Viollet-le-Duc Eugène Emmanuel.* **Le glacier de Bionassay.** [165x100].

465.

466.

467.

465.[45]   1877.   *Bertrand C.* **Le Mont-Blanc. Vue prise de Sallanches.** / Bertrand / Huyot / J. Tairraz Phot. [93x163].

466.[45]   1877.   *Bertrand C.* **Le Mont-Blanc. Vue prise du Jardin (Glacier du Talèfre).** / Bertrand / Huyot / L. Lemuet Phot. [92x162].

467.[45]   1877.   *Bertrand C.* **Le Mont-Blanc. Vue prise du Col de la Seigne.** / Bertrand / Huyot / L. Lemuet Phot. [94x165].

468.[45]   1877.   *Bertrand C.* **Le Mont-Blanc. Vue prise du Cramont.** / C. Bertrand / Huyot / L. Lemuet Phot. [93x162].

469.[45]   1877.   *Bertrand C.* **Le Mont-Blanc. Vue prise du Brévent.** / Bertrand / Huyot / J. Tairraz Phot. [93x163].

465./472.   Durier: Le Mont Blanc.

470.  471.

472.

470.[45] 1877. *Bertrand C.* **Jacques Balmat.** / B. / H. s. [105x87].

471.[45] 1877. *Bertrand C.* **Horace-Bénèdict de Saussure.** / B. / H. s. [105x87].

472.[45] 1877. *Bertrand C.* **Le Mont-Blanc. Vue prise du Val Ferrex.** / C. Bertrand / Huyot / L. Lemuet Phot. [93x162].

473.[14] 1877. *Barnard George.* **Aiguille de Charmox** [137x121].

474.[14] 1877. *Barnard George.* **Les Aiguilles Dru et Verte from the base of the Mer de Glace.** / Plate XVIII / G.B. / Leighton B. [220x137].

473.

474.

473./474. Barnard: Drawings from Nature.

475.

475./476. Kaden: La Svizzera.

475.[67] 1878. *Calame Alexandre.* **Ghiacciaio dei Bossons e Monte Bianco.** / A. Calame / X.J.A. Closs / Geigen Müller. [245×188].

476.[67] 1878 **Chamonix.** [188×115].

477.[3] 1878. **The South side of Mont Blanc, showing the route taken by Mr. Eccles.** [156x100].

478.[4] 1878. *Whymper Edward.* **Aiguille de Peuteret, from the Col du Géant. From a Sketch by Mons. G. Loppé.** / Whymper. [152x99].

479.[4;40] 1879. **The Aiguille du Dru. From the South.** [164x102].

480.[83] 1879. *Baumann-Zürrer C.* **Partie vom Montblanc, von Courmayeur gesehen. Originalzeichnung von C. Baumann-Zürrer.** / Cabane / Col du Géant / Aiguilles Marbrées. [170x255].

481.[90] 1879. **Montblanc.** / Verlag von F. Tempsky / Lithografie & druck der Actien-Gesellschaft. Bohemia. Prag. [118x94].

477./479. The Alpine Journal.
479. Dent: Above the snow line.
480. Neue Alpenpost.
481. Seboth: Die Alpenflanzen.

Cabane　　Col du Géant　　Aiguilles marbrées

Partie vom Montblanc, von Courmayeur gesehen.
Originalzeichnung von C. Baumann-Zürrer.

482./484. Talbert: Les Alpes. Études et souvenirs.

COGNE VU DU COTÉ SUD   MONT BLANC

482.[97] 1880. **Vallée de Chamonix et le Mont Blanc.** [102x157].

483.[97] 1880. **Table de glacier.** [85x91].

484.[97] 1880. **Catastrophe au bord de la grande crevasse du Mont Blanc.** [158x103].

485.[103] 1880. *Vallino Domenico.* **Cogne vu du coté sud. Mont Blanc.** [158x235].

485. Vallino: Album d'un alpiniste dans la Vallée d'Aoste.

486.[96] 1881. *Laterson.* **Town and Lake of Geneva, Mont Blanc in the distance: from Petit Sacconnex.** [88x169].

487.[96] 1881. *Sargent Alfred-Louis.* **The Aiguille Verte, Mont Blanc, and Valley of Chamounix, from near the Col de Balme.** / Sebrader / A. Sargent. s. [110x170].

488.[24] 1882. *Balduino Alessandro.* **Il Gruppo del Monte Bianco - Versante Sud-Est. Dis. del pittore Alessandro Balduino. Dal Monte Bernarde.** / Boll.no del C.A.I., N° 49, Vol. XVI, Tav. III. / C. Grand-Didier Lit. / Torino, Lit. F.lli Doyen. [225x940].

489.[24] 1882. *Balduino Alessandro.* **Il Dente del Gigante.** Boll.no del C.A.I., Vol. XVI, N° 49, Tav. I. / A. Sella. Il Dente del Gigante. / (Incisione di A. Balduino da una fotografia di V. Sella). [152x113].

486./487. **Switzerland: its scenery and people pictorially represented.**

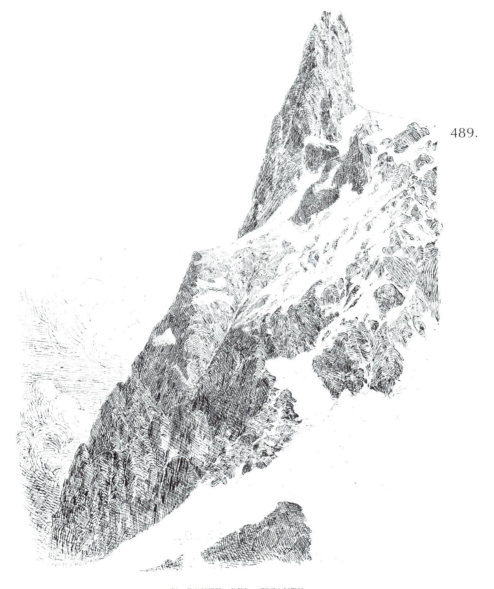

IL DENTE DEL GIGANTE
(Incisione di A.Balduino da una fotografia di V.Sella)

488./490. Bollettino del Club Alpino Italiano.

490.[24] 1882. **Fig. 1ª. Il Dente del Gigante (poco sotto il Colle omonimo). Fig. 2. Il Dente del Gigante (circa 1 ora sopra i seracs; versante di Chamonix).** / Boll.no del C.A.I., Vol. XVI, N° 49, Tav. II. / A. Sella - Il Dente del Gigante. / (Da due fotografie di V. Sella). / Torino. Lit. Doyen. [170x206].

491.[5] 1882. **The Dent du Géant from above the Col du Géant ...... Signor Sella's route ---- M.r Graham's route.** / Photographed by S: Vittorio Sella in 1881. / Fred.k Dangerfield Lith., Covent Garden London 4534. [160x209].

THE DENT DU GÉANT
from above the Col du Géant.
.... Signor Sella's route.
--------- Mr Graham's route.

492./494. Mountains and Mountain-Climbing.

492.[82] 1883. **Pierre de l'Echelle.** [138x920].
493.[82] 1883. **Great crevasse at the foot of Mont Blanc.** [138x910].
494.[82] 1883. **Mont Blanc, from the Mont Buet.** [140x920].
495.[29] 1883. **Col du Tacul from the Glacier de Lechaud.** [92x140].
496.[29] 1883. **Mont Blanc from the Belvedere of the Hotel d'Angleterre, Chamonix.** [91x140].

495./496. Burnaby: The High Alps in winter.

497.[6] 1884. *Whymper Edward.* **Mont Blanc from Combloux.** / Frontespice. / Whymper. [152x98].

498.[87] 1888. *Ruskin John.* **b Aiguille Blaitière. p Aiguille du Plan. m Aiguille du Midi. M. Mont Blanc (summit). d Dôme du Gouté. g Aiguille du Gouté. T Tapia. C Montagne de la Côte. t Montagne de Taconay.** [120x108].

499.[87] 1888. *Ruskin John.* **30. The Aiguille Charmoz. Ideal. Actual.** / Briquet et Du Bois / J. Ruskin / R.P. Cuff. [125x206].

500.[87] 1888. *Ruskin John.* **31. The Aiguille Blaitière.** / J. Ruskin / J.c. Armytage. [124x209].

497. The Alpine Journal.

498./506. Ruskin: Modern painters.

501.

502.

33. Leading Contours of Aiguille Bouchard.

501.[87] 1888. *Ruskin John.* **32. Aiguille Drawing. 1. Old ideal. 2. Turnerian. Aiguille Charmoz.** / W.m Pars and Turner / J.H. Le Keux. [100x204].

502.[87] 1888. *Ruskin John.* **33. Leading Contours of Aiguille Bouchard.** / J. Ruskin / R.P. Cuff. [121x209].

503.[87] 1888. *Ruskin John.* **36. Crest of La Còte.** / J. Ruskin / Tho.s Lupton. [127x212].

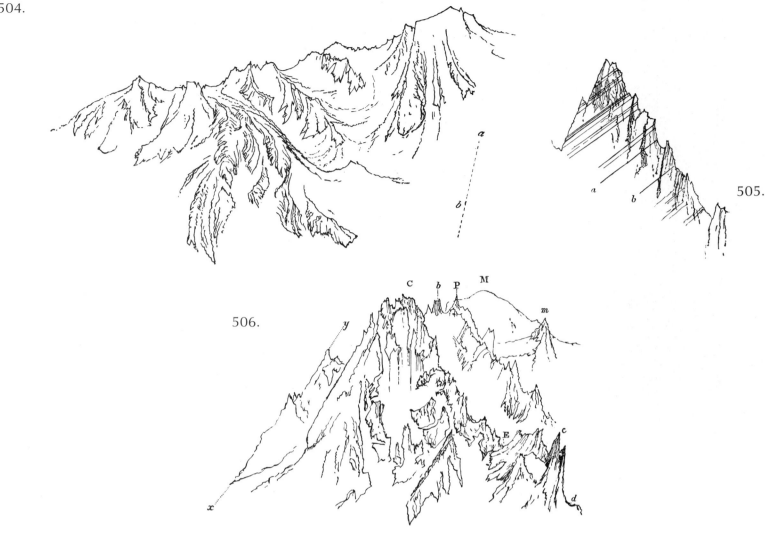

504.[87] 1888. *Ruskin John.* **Aiguille pourri (Chamonix).** [63x127].

505.[87] 1888. *Ruskin John.* **«the great aiguille of the Allée Blanche, as seen over the Lac de Combal».** [53x49].

506.[87] 1888. *Ruskin John.* **In this profile, M is the Mont Blanc itself; m, the Aiguille du Midi; P, Aiguille de Plan; b, Aiguille Blaitière; C, Great Charmoz; c, Petit Charmoz; E passage called de l'Etala.** [65x95].

507.[102] 1889. **Mont Blanc.** / J.J.K. [118x180].

508.[102] 1889. **Mont Blanc from the Valley of Chamounix.** [79x119].

507./508. Umlauft: The Alps.

LA CHAINE DU MONT B

509./510. Le Cento Città d'Italia.

511.

Les Grandes Jorasses 4206 | Mt. Mallet 3988 | Aig de Charmoz 3533 | Aig de Blaitière 3442 | Aig du Plan 3673 | Aig du Midi 3843 | Mont Blanc 4810 | Dôme du Gouter 4331 | Aig du Gouter 3873 | Aig du Tricot | Mt Joli 2670 | Brévent 2525

Montanvert 1921 | Gl des Bossons | Chamonix 1050

C VUE DE LA FLEGÈRE. (1806 m)

509.[32] 1889. **Courmayeur.** [88x60].

510.[32] 1889. **Courmayeur. - Tempio dei Protestanti. Monte Bianco.** [80x79].

511. ~ 1890. **La Chaîne du Mont Blanc vue de la Flegère. (1806 m.).** [111x407].

512.[47] 1893. **Observatoire du mont Blanc en 1890, d'après une photographie de M.J. Vallot.** [91x140].
513.[47] 1893. *Laplante Charles.* **Glacier de l'Arveyron et le Mauvais Pas.** / C. Laplante. [88x140].

512./513. Falsan: Les Alpes françaises.

MONT BLANC, FROM THE BREVENT,
FROM A PHOTOGRAPH BY EDWARD WHYMPER.

514.[111] 1896. *Whymper Edward.* **Mont Blanc, from the Brevent, from a photograph by Edward Whymper.** / Whymper. [180x186].

514./542. Whymper: A Guide to Chamonix and the range of Mont Blanc.

515.

516.

517.

515.[111] 1896. *Whymper Edward.* **The village of Chamonix, seen from the Grands Mulets.** / Whymper. [91x133].

516.[111] 1896. *Whymper Edward.* **View of Mont Blanc, shewing the route taken by de Saussure in 1787.** / Whymper. [95x127].

517.[111] 1896. *Whymper Edward.* **The Col de Talèfre.** [∅ 50].

518.[111] 1896. *Whymper Edward.* **The Englishmen's stone.** / A.E.M. / Whymper. [38x89].

519.[111] 1896. *Whymper Edward.* **In front of Chamonix church.** / Whymper. [60x62].

520.[111] 1896. *Whymper Edward.* **Monument to Horace Benedict de Saussure.** / A.E.M. / Whymper. [87x67].

521.[111] 1896. *Whymper Edward.* **Horace Benedict de Saussure, from the picture in the University Library, Geneva.** / Whymper. [119x89].

522.[111] 1896. *Whymper Edward.* **Auguste Balmat.** / Whymper [47x42].

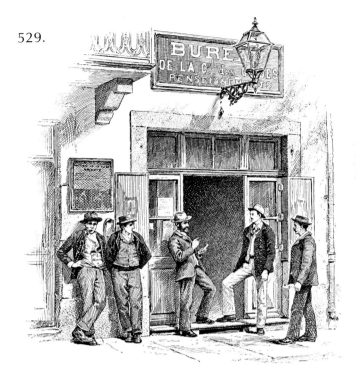

523.[111]   1896.   *Whymper Edward.* **Albert Smith.** / Whymper. [68x55].

524.[111]   1896.   *Whymper Edward.* **Dr. J. Janssen.** / Whymper. [65x57].

525.[111]   1896.   *Whymper Edward.* **Principal James D. Forbes.** / Whymper. [47x45].

526.[111;110]   1896.   *Whymper Edward.* **Christian Almer.** / J.M. / Whymper. [62x53].

527.[111]   1896.   *Whymper Edward.* **Professor John Tyndall.** / Whymper. [47x46].

528.[111;110]   1896.   *Whymper Edward.* **Leslie Stephen.** / Whymper. [32x25].

529.[111]   1896.   *Whymper Edward.* **Bureau of the Guide Chef.** / Whymper. [96x83].

530.[111]   1896.   *Whymper Edward.* **Hotel du Montanvert.** [52x82].

534.

535.

531.[111] 1896. *Whymper Edward.* **The Baths of St. Gervais before the catastrophe.** / A.E.M. / Whymper. [60x88].

532.[111] 1896. *Whymper Edward.* **Entrance to the Baths of St. Gervais.** / Whymper. [62x88].

533.[111] 1896. *Whymper Edward.* **Tablet in the Cabane on the Col du Géant.** / Whymper. [70x76].

534.[111] 1896. *Whymper Edward.* **Horace Benedict de Saussure and his son on the way to the Col du Géant.** / Whymper. [93x130].

535.[111] 1896. *Whymper Edward.* **Horace Benedict de Saussure descending from the Col du Géant.** / Whymper [96x132].

542.

536.[1111] 1896. *Whymper Edward.* **Dr. Janssen ascending Mont Blanc.** / Whymper. [95x132].
537.[1111] 1896. *Whymper Edward.* **The Old Montanvert, in 1895.** / A.E.M. / Whymper. [35x55].
538.[1111] 1896. *Whymper Edward.* **Hotel Suisse du Col de Balme.** / Whymper. [35x87].
539.[1111] 1896. *Whymper Edward.* **The Refuge Vallot.** / Whymper. [58x88].
540.[1111] 1896. *Whymper Edward.* **The Cabane du Dôme.** / A.E.M. / Whymper. [84x67].
541.[1111] 1896. *Whymper Edward.* **The Pierre Pointue.** / Whymper / A.E.M. [60x70].
542.[1111] 1896. *Whymper Edward.* **The Aiguille du Dru.** / Whymper. [125x92].

543.

544.

543.[77] ~1898. *Weber Johann Jakob.* **Chamonix und der Brévent in der Montblancgruppe. Nach einer Photographie von Aug. Couttet in Chamonix.** / J.J. Weber x.j. [235x305].

544.[77] ~1898. *Weber Johann Jakob.* **Ueberschreitung des Bossongletschers am Montblanc. Nach einer photographischen Aufnahme.** / J.J.W.x.j. [175x240].

545.[77] ~1898. *Weber Johann Jakob.* **Aufstieg zum Gipfel des Montblanc. Nach einer photographischen Momentaufnahme.** / J.J. Weber x.j. [240x330].

546.[77] ~1898. *Weber Johann Jacob.* **Das Observatorium auf dem Gipfel des Montblanc. Nach einem Aquarell des Erbauers J. Janssen in Paris.** [112x203].

543./555. Meurer: Alpenlandschaften.

545.

546.

547.

548.

354

549.

547.[77] ~1898. *Weber Johann Jakob.* **L'Aiguille du Midi in der Montblancgruppe, von den Grands Mulets aus gesehen. Nach einer photographischen Aufnahme.** / J.J.W.x.j. [168x228].

548.[77] ~1898. *Weber Johann Jakob.* **Die Hütte auf den Grands Mulets am Montblanc. Nach einer Photographie von Aug. Couttet in Chamonix.** / J.J.W.x.j. [160x215].

549.[77] ~1898. *Weber Johann Jakob.* **Séracs auf dem Bossongletscher in der Montblancgruppe. Nach einer Photographie von Aug. Couttet in Chamonix.** / J.J.W.x.j. [103x200].

550.

551.

552.

550.[77] ~1898. *Weber Johann Jakob.* **Passage de la Jonction auf dem Montblanc. Nach einer Photographie von Aug. Couttet in Chamonix.** / J.J.W.x.j. [170x230].

551.[77] ~1898. *Weber Johann Jakob.* **Der Jardin und der Glacier de Talèfre in der Montblancgruppe. Nach einer Photographie von Braun, Clément & Co. in Dornach und Paris.** [215x342].

552.[77] ~1898. *Weber Johann Jakob.* **Argentière und Argentièregletscher in der Montblancgruppe. Nach einer photographischen Aufnahme.** / J.J.W.x.j. [180x230].

553.

554.

555.

553.[77] ~1898. *Weber Johann Jakob.* **Mauvais Pas am Mer de Glace in der Montblancgruppe. Nach einer Photographie von Aug. Couttet in Chamonix.** / J.J.W.x.j. [160x230].

554.[77] ~ 1898. *Weber Johann Jakob.* **Géantgletscher und Passage du Géant in der Montblancgruppe. Nach einer Photographie von Braun, Clément & Co. in Dornach und Paris.** [215x305].

555.[77] ~ 1898. *Weber Johann Jakob.* **Das untere Mer de Glace in der Montblancgruppe. Nach einer Photographie von Braun, Clément & Co. in Dornach und Paris.** / J.J. Weber x.j. [198x305].

BIBLIOGRAPHIE

1. *Alpine Journal (the); Vol. II, 1865-1866* — Longmans, Green, Reader, and Dyer; London; 1866.
2. *Alpine Journal (the); Vol. V, May 1870 to May 1872* — Longmans, Green, and Co.; London; 1872.
3. *Alpine Journal (the); Vol. VIII, August 1876 to May 1878* — Longmans, Green, and Co.; London; 1878.
4. *Alpine Journal (the); Vol. IX, August 1878 to May 1880* — Longmans, Green, and Co.; London; 1880.
5. *Alpine Journal (the); Vol. XI, August 1882 to May 1884* — Longmans, Green, and Co.; London; 1884.
6. *Alpine Journal (the); Vol. XII, August 1884 to May 1886* — Longmans, Green, and Co.; London; 1886.
7. ANDERSON EUSTACE — *Chamouni and Mont Blanc: a visit to the valley and an ascent of the mountain in the autumn of 1855.* — James Cornish; London; 1856.
8. ARVE STEPHEN D' — *Les fastes du Mont-Blanc* — Librairie et Imprimerie A. Vérésoff; Genève; 1876.
9. *Ascent of Mont Blanc (the)* — London; 1853.
10. ATKINS HENRY MARTIN — *Ascent to the summit of Mont Blanc, on the 22nd and 23rd of August, 1837* — Calkin and Budd; London; 1838.
11. AUBERT ÉDOUARD — *La Vallée d'Aoste* — Amyot, Libraire-Éditeur; Paris; 1860.
12. AULDJO JOHN — *Narrative of an ascent to the summit of Mont Blanc on the 8th and 9th august 1827* — London; 1828.

13. BAKEWELL R. — *Travels, comprising observations made during a residence in the Tarantaise, and various parts of the Alps, and in Switzerland and Auvergne, in the years 1820, 1821, and 1822* — Longman, Hurst, Rees, Orme, and Brown; London; 1823.
14. BARNARD GEORGE — *Drawings from Nature* — George Routledge & Sons, The Broadway, Ludgate; New York; 1877 (new edition).
15. BARRY MARTIN — *Ascent to the Summit of Mont Blanc in 1834* — W. Blackwood & Sons, Edinburgh, & T. Cadell, Strand, London; 1836.
16. BEATTIE WILLIAM — *Switzerland* — George Virtue; London; 1836.
17. BEAUMONT ALBANIS — *Voyage pittoresque aux Alpes Pennines (12 vues de Glaciers et route de Chamouni en Savoie, coloriées par Gabriel Lory le père)* — 1787.
18. BEGIN E. — *Voyage pittoresque en Suisse, en Savoye et sur les Alpes* — Paris; ≈ 1840.
19. BÉLIN J. B. — *Le Simplon et l'Italie Septentrionale. Promenades et pélerinage* — Bélin-Leprieur; Paris; 1843.
20. BENOIST FÉLIX — *Nice et Savoie - Sites pittoresques, monuments, description et histoire des départements de la Savoie, de la Haute-Savoie et des Alpes-Maritimes* — Paris; 1864.

21. BERLEPSCH H. — *Nouveau Guide en Suisse* — L'Istitut Bibliographique; Hildbourghausen; 1865 (2ème édition).
22. BERTOTTI P. — *Profilo geometrico delle Alpi* — ~ 1850.
23. BIRMANN SAMUEL — *Souvenir de la Vallée de Chamonix* — Publ. par Birmann et Fils; Basel; 1826.
24. *Bollettino del Club Alpino Italiano per l'anno 1882, n° 49, vol. XVI* — G. Candeletti tipografo del C.A.I.; Torino; 1883.
25. BOURRIT MARC-THÉODORE — *Description des glacières, glaciers & amas de glace du Duché de Savoye* — Imprimerie de Bonnant au Molard; Genève; 1773.
26. BOURRIT MARC-THÉODORE — *Description des cols ou passages des Alpes* — Chez G.J. Manget, Libraire; Genève; 1803.
27. BROCKEDON WILLIAM — *Illustrations of the Passes of the Alps, by which Italy communicates with France, Switzerland, and Germany* — Charles Tilt; London; 1829.
28. BROWNE T.D.H. — *Ten scenes in the last ascent of Mont Blanc (dedicated to nine guides of Chamonix) Sketched and lithographed by T. D. H. B.* — Thomas M.C. Lean; London; 1853.
29. BURNABY Mrs. FRED — *The High Alps in winter; or, mountaineering in search of health* — Sampson Low, Marston, Searle, & Rivington; London; 1883.

30. CARREL GEORGE — *Les Alpes Pennines dans un jour soit panorama boréal de la Becca de Nona depuis le Mont-Blanc jusqu'au Mont-Rose* — Imprimerie de D. Lyboz; Aoste; 1855.
31. CATLOW AGNES and MARIA E. — *Sketching rambles; or, nature in the Alps and Apennines* — James Hogg and Sons; London; 1861-1862.
32. *Cento Città d'Italia (le) - Supplemento mensile illustrato del «Secolo»* — Milano; 25 gennaio 1889.
33. CHAUMONT C. DE — *Alpes et Pyrénées* — Barbou Frères, Imprimeurs-Libraires; 1854.
34. CHEEVER GEORGE B. — *Wanderings of a pilgrim in the shadow of Mont Blanc and the Jungfrau Alp* — Williams Collins; London & Glasgow; 185-.
35. COCKBURN JAMES PATTISON — *Swiss Scenery from drawings by Mayor Cockburn* — Rodwell & Martin; London; 1820.
36. COCKBURN JAMES PATTISON — *Views in the Valley of Aosta (Drawn from Nature by Major Cockburn and on stone by A. Aglio and T.M. Baynes)* — D. Walther; London; 1822-1823.
37. COLEMAN EDMUND T. — *Scenes from the snow-fields; being illustrations of the upper ice-world of Mont-Blanc (the views lithographed and printed in colours by Vincent Brooks)* — Longman, Brown, Green, Longmans, and Roberts; London; 1859.
38. COSTELLO DUDLEY — *Piedmont and Italy, from the Alps to Tiber* — James S. Virtue; London; 1861.
39. COXE WILLIAM — *Travels in Switzerland in a series of letters to William Melmoth* — T. Cadell; London; 1789.

40. DENT CLINTON — *Above the snow line, mountaineering sketches between 1870 and 1880* — Longmans, Green, and Co.; London; 1885.

41. DICKENMANN JOHANN-RUDOLF — *Souvenir de la Suisse* — Dickenmann; Zurich; ~ 1865.
42. DUCOMMUN J.C. *Une excursion au Mont-Blanc* — Librairie H. Georg; Genève et Bale; 1859 (2ème édition).
43. DUMAS ALEXANDRE — *Impression de Voyage (Suisse)* — Chez Maresq et C.ie, Libraires; Paris; 1853.
44. DUPAIGNE ALBERT — *Les Montagnes* — Alfred Mame et Fils, éditeurs; Tours; 1873.
45. DURIER CHARLES — *Le Mont Blanc* — Librairie Sandoz et Fishbacher; Paris; 1877.

46. ENGELMANN, DE GOLBERY — *Lettres sur la Suisse par MM. de Golbéry et Engelmann, accompagnées de vues dessinées d'après nature et lithographiées par M. Villeneuve. Quatrième partie. Lac de Genève, Chamouny, Valais* — A. Paris, Chez Engelmann & C.ie Éditeurs, rue de Faub. Montmartre n° 6; 1827.

47. FALSAN ALBERT — *Les Alpes Françaises* — Librairie J.B. Baillière et Fils; Paris; 1893.
48. FINDEN EDWARD — *Illustrations of the Vaudois, in a series of views* — Charles Tilt; London; 1831.
49. FORBES JAMES DAVID — *Travels through the Alps of Savoy and other parts of the Pennine Chain* — Adam and Charles Black, and Longman, Brown, Green, and Longmans; London; 1845.
50. FORBES JOHN — *A physician's holiday or a month in Switzerland in the summer of 1848* — John Murray, John Churchill; London; 1849-1850.

51. GIUSTA G.A. — *Guida ai bagni ed alle acque minerali solforose... di Courmayeur con alcuni accenni sulle terme di Pré-st-Didier* — Aosta; 1875.
52. GORRET AMÉ, BICH CLAUDE — *Guide de la Vallée d'Aoste* — F. Casanova; Turin; 1846.
53. *Graphic (the)* — London; October 17, 1874.
54. GROUNER M. — *Histoire naturelle des glacières de Suisse* — Chez Panckouche; Paris; 1770.
55. GRUBE A.W. — *Alpenwanderungen* — Verlag von Eduard Rummer; Leipzig; 1874.

56. HALLER ALBRECHT VON — *Les Alpes* — Chez La Société Typographique; Berne; 1795. (*Die Alpen*, 1732).
57. HOGARD HENRI — *Principaux Glaciers de la Suisse* — E. Simon; Strasbourg; 1852.
58. HUDSON Rev. C., KENNEDY E.S. — *An ascent of Mont Blanc by a new route and without guides* — Longman, Brown, Green, and Longmans; London; 1856.

59. *Illustrated London News (the)* — London; Feb., 8, 1851.
60. *Illustrated London News (the)* — London; Oct. 9, 1858.
61. *Illustration (l'), Journal Universel* — Paris; 14 Janvier 1860.
62. *Illustration (l'), Journal Universel* — Paris; 15 Septembre 1860.
63. *Illustration (l'), Journal Universel* — Paris; 23 Mars 1861.
64. *Illustration (l'), Journal Universel* — Paris; 21 Décembre 1861.

65. JOANNE ADOLPHE – *Itinéraire descriptif et historique de la Savoie* – Librairie de L. Hachette et C.ie; Paris; 1860.

66. JONES REV. HARRY – *The regular Swiss round in three trips* – Alexander Strahan, publisher; London; 1865.

67. KADEN WOLDEMAR – *La Svizzera descritta da Voldemaro Kaden* – F.lli Treves; Milano; 1878.

68. LACROIX JOSEPH – *Nouveau guide général du voyageur en Suisse, suivi du tour du Mont-Blanc* – Garnier Frères, Libraires-Éditeurs; Paris; 1864.

69. LADNER THÉOPHILE – *Album de la Vallée d'Aoste* – Imprimerie Lyboz; Aoste; 1851.

70. *Liguria, Savoia e Piemonte - Storia e costumi* – presso li Fratelli Reycend e C. Libraj di S.S.R.M.; Torino; ~ 1841.

71. LINTON WILLIAM – *Sketches on Italy* – Day; London; 1832.

72. LORY MATHIAS GABRIEL – *Voyage pittoresque aux Glaciers de Chamouni* – P. Didot l'Ainé; Paris; 1815.

73. MANNING REV. SAMUEL – *Swiss pictures, drawn with pen and pencil by Rev. Samuel Manning* – The Religious Tract Society; London; 186-.

74. MARMOCCHI F.C. – *Storia naturale dell'Italia* – (U.T.E.T., Torino?).

75. MARTEL PIERRE – *An account of the glaciers or ice Alps in Savoy* – London; 1744.

76. MARTIN ALEXANDRE – *La Suisse pittoresque et ses environs* – Hippolyte Souverain; Paris; 1835.

77. MEURER JULIUS – *Alpenlandschaften* – Verlagsbuchhandlung von J.J. Weber; Leipzig; ~ 1898.

78. MICHELET JULES – *The Mountain* – T. Nelson and Sons; London; 1872.

79. MONTÉMONT A. *Voyage aux Alpes et en Italie* – Chez Lelong, libraire; Paris; 1821.

80. MORTILLET GABRIEL DE – *Guide de l'étranger en Savoie* – Chez Perrin, libraire-éditeur et lithographe; Chambéry; 1855.

81. *Mountain adventures in the various countries of the world* – Seeley, Jackons, and Halliday; London; 1869.

82. *Mountains and Mountain-Climbing* – T. Nelson and Sons; London, Edinburgh, New York; 1883.

83. *Neue Alpenpost* – Druck und Verlag von Orell Füssli & Co.; Zürich; 1879.

84. RAOUL-ROCHETTE DÉSIRÉ – *Voyage pittoresque dans la Vallée de Chamouni et autour du Mont-Blanc* – Publié à Paris par J.F. d'Ostervald; 1826.

85. ROSE WILLIAM – *A tour to Great St. Bernard's and round Mont Blanc. With descriptions copied from a journal kept by the Author; and drawings taken from nature.* – Printed for Harvey and Darton, Gracechurch-Street; London; 1827.

86. *Rules for playing the new game of the Ascent of Mont Blanc* – A.N. Myers & Co.; London; 1861 (second edition).

87. RUSKIN JOHN – *Modern painters (vol. IV): of mountain beauty* – George Allen; Orpington; 1888.

88. SAUSSURE HORACE-BENEDICT DE — *Voyages dans les Alpes* — Chez Samuel Fauche, Imprimeur & Libraire du Roi; Neuchâtel; 1780 (Tome premier, Tome second).

89. SAUSSURE HORACE-BENEDICT DE — *Voyages dans les Alpes* — Chez Barde, Manget & Comp. Imprimeurs-Libraires; Genève; 1786. (Tome troisième, Tome quatrième).

90. SEBOTH J. — *Die Alpenpflanzen nach der Natur gemalt von Jos. Seboth* — Verlag von F. Tempsky; Prag; 1879.

91. SMITH ALBERT — *The Story of Mont Blanc* — David Bogue; London; 1853.

92. *Souvenir de Chamouni / Dessiné d'après nature par J. Dubois* — Chez Briquet et Dubois; Genève; 187-.

93. *Souvenirs de la Suisse et des Alpes* — F. Margueron; Genève; 1863.

94. *Souvenirs du Mont-Blanc.*

95. *Souvenirs du Mont-Blanc et de la Vallée de Chamonix.*

96. *Switzerland: its scenery and people pictorially represented* — Blackie and Son; London, Glasgow & Edinburgh; 1881.

97. TALBERT ÉMILE M. — *Les Alpes. Études et souvenirs* — Librairie Hachette et C.ie; Paris; 1880.

98. TÖPFFER RODOLPHE — *Voyage autour du Mont-Blanc dans les Vallées d'Herens, de Zermatt et au Grimsel* — Genève; 1843.

99. TÖPFFER RODOLPHE — *Voyages en zigzag ou excursions d'un Pensionnat en vacances dans les Cantons Suisses et sur le revers Italien des Alpes (Illustrés d'après des dessins de l'Auteur et ornés de 15 grands dessins par M. Calame)* — Chez J.J. Dubochet et Compagnie; Paris; 1844.

100. TÖPFFER RODOLPHE — *Nouveaux voyages en zigzag à la Grande Chartreuse, autour du Mont-Blanc, dans les Vallées d'Herens, de Zermatt, au Grimsel, à Gênes et à la Corniche* — Garnier Frères, Libraires-Éditeurs; Paris; 1854.

101. TYNDALL JOHN — *The Glaciers of the Alps* — Longmans, Green, and Co.; London; 1860.

102. UMLAUFT F. — *The Alps* — Kegan Paul, Trench & Co.; London; 1889.

103. VALLINO DOMENICO — *Album d'un alpiniste dans la Vallée d'Aoste* — Biella; 1880.

104. VILLENEUVE JULES-LOUIS-FRÉDÉRIC — *Souvenirs d'Italie* — Bance; Paris; ~ 1830.

105. VIOLLET-LE-DUC EUGÈNE EMMANUEL — *Le Massif du Mont-Blanc* — J. Baudry, Éditeur; Paris; 1876.

106. *Vue de Suisse et de Savoie* — Wild, Paris (J. Springer, Paris,); Charnaux, Genève; 1851-1861.

107. WALTON ELIJAH — *Peaks and Valleys of the Alps (chromo-lithographed by J.H. Lowes)* — Sampson Low, Son, and Marston; London; 1867-1868.

108. WALTON ELIJAH — *Vignettes: Alpine and Eastern* — W.M. Thompson; London; 1873.

109. WEY FRANCIS — *La Haute Savoye, Récits de voyage et d'histoire* — Librairie Hachette; Paris; 1866.

110. WHYMPER EDWARD – *Scrambles amongst the Alps in the years 1860-69* – John Murray; London; 1871.

111. WHYMPER EDWARD – *A guide to Chamonix and the range of Mont Blanc* – John Murray; London; 1896.

112. WILLIAMS Rev. CHARLES – *The Alps, Switzerland, and the North of Italy* – Alexander Montgomery; New York-London; 1854.

113. WILLS ALFRED – *The eagle's nest* – Longman, Green, Longman, and Roberts; London; 1860.

114. WILLS ALFRED – *Wanderings among the High Alps* – Richard Bentley; London; 1861.

115. ZURCHER et MARGOLLÉ – *Les ascensions célèbres* – Librairie Hachette et C.ie; Paris; 1869.

116. ZURCHER et MARGOLLÉ – *Les Glaciers* – Librairie Hachette et C.ie; Paris; 1870.

ILLUSTRATOREN, STECHER, VERLEGER UND DRUCKER

ACLAND HUGH-DYCKE. Englischer Landschaftsmaler und Graveur. Schaffensperiode in der ersten Hälfte des 19 Jahrhunderts. Er kam 1828 auf den Kontinent und verweilte insbesondere in der Schweiz. Auf dieser Reise entstanden die Zeichnungen, die das 1831 publizierte Werk seines Landsmannes Finden, «Vaudois», illustrierten.

ADAM VICTOR (Paris 1801 — Viroflay 1866). Französischer Maler und Lithograph. Sohn des Jean Adam, der ihm den ersten Unterricht erteilte. Er debütierte sehr jung. Sein Werk ist umfangreich (mehrere tausend Sujets).

AGLIO AGOSTINO (Cremona 1777–1857). Lombardischer Maler. Vollendung seiner Studien an der Brera-Akademie in Mailand. 1803 reiste er als Mitarbeiter William Wilkins' nach England. Er arbeitete auch als Kulissen- und Porträtmaler.

D'ALBERT-DURANDE LOUIS FRANÇOIS (Lausanne 1804 — Genf 1886). Schweizer Porträt- und Landschaftsmaler. Bekannt für seine Aquarelle.

ALKEN SAMUEL (1750–1815). Radierer (Aquatintatechnik). Er arbeitete von 1780 bis 1798 in London.

ARNOUT oder ARNOULD oder ARNOULT JEAN-BAPTISTE (Dijon 1788– ?). Französischer Maler und Lithograph. Schüler von Devosge.

ARNOUT LOUIS-JULES (Paris 1814–1868). Französischer Maler und Lithograph. Sohn des Jean-Baptiste. Er stellte ab 1852 in Paris aus.

D'AUBIGNY CHARLES-FRANÇOIS (Paris 1817 — Anvers-sur-Oise 1878). Maler und Sohn eines Künstlers. 1836 reiste er nach Italien. Er hielt sich während neun Monaten in den verschiedenen Regionen der Halbinsel auf, wo er seine Kenntnisse vertiefen konnte und sich ihm neue Möglichkeiten eröffneten. Nach 1838 widmete er sich vor allem dem Stechen. Er illustrierte zahlreiche Bücher, darunter Töpffers «Voyage en zigzag...». Obwohl von einem gewissen Interesse, sind diese Vignetten doch eher unbedeutend, verglichen mit seinen anderen Stichen wie «Le Verger de Valdomondis» (1840), «Le Nid de l'Aigle» (1844), «Le lever du soleil» und den Radierungen der «Cahiers» (1851/52), die Marksteine in der Geschichte des Gravierens sind. Ab 1849 widmete er sich der Malerei, mit einer besonderen Vorliebe für Landschaften. Er malte vorzüglich, insbesondere das Wasser und dessen Transparenz.

BACHMANN HANS (Winikon 1852– ?). Schweizer Maler. Von 1870 bis 1874 arbeitete er an der Akademie von Düsseldorf. Er kehrte dann in sein Heimatland zurück, wo er vor allem Szenen des volkstümlichen Lebens malte.

BACLER D'ALBE LOUIS-ALBERT-GHISLAIN (Saint-Pol 1761 — Sèvres 1824). General, Maler und Geograph. 1802 Veröffentlichung der «Carte du théâtre de la guerre en Italie ...». Zwei Jahre später Ernennung zum Leiter des topographischen Kabinetts im Napoleonischen Kaiserreich. Mehr als fünfhundert Tafeln, Aquarelle, Tempera-Gemälde, Stiche und Lithographien. Viele seiner Landschaftsbilder der Schweiz, Frankreichs und Spaniens wurden als Buchillustrationen verwendet.

BALDUINO ALESSANDRO (Turin 1848–1891). Maler und Alpinist. Darstellungen der Berge. Debütierte mit dem Bild «Sulle Alpi». Er war einer der Künstler, die versuchten, dem Betrachter die Berge näherzubringen. Es gelang ihm, die herrliche Bergwelt naturgetreu abzubilden. Er malte die großen Panoramen des Mont-Blanc und des Gran Paradiso sowie viele andere Werke; sie sind im «Bollettino del Club Alpino Italiano» aufgeführt. Die wichtigsten Illustrationen sind in der ersten Ausgabe des «Guida delle Alpi Occidentali» (Martelli und Vaccarone) enthalten.

BANCE JACQUES-LOUIS (Claville 1761–1847). Louis Lacœur (Schüler Debucourts) lehrte ihn das Stechen (Aquatinten und Farbstiche). Später war Jacques-Louis Bance als Verleger und Händler von Stichen tätig. Er hatte Erfolg damit und arbeitete nun mit seinem Bruder Charles zusammen. Aus diesem Grund wurde er fortan «Bance aîné» genannt.

DE BAR ALEXANDRE (Montreuil-sur-Mer 1821 – nach 1901). Französischer Maler, Zeichner und Graveur. Er widmete sich zunächst der Keramikmalerei. Später war er Schüler von Alexis de Fonteney. Seine ausschließliche Tätigkeit galt nun der Kunstmalerei. Er arbeitete als Illustrator für verschiedene Zeitungen («Magazin pittoresque», «Musée des Familles», «Tour du Monde» etc.).

BARNARD GEORGE. Englischer Landschaftsmaler und Lithograph. Schüler Hardings. Er stellte von 1837 bis 1873 in der «Royal Academy» von London aus. Er starb gegen 1890.

BARTLETT WILLIAM HENRY (Kentish Town 1809 – Mittelmeer 1854). Ausbildung im Londoner Atelier J. Brittons. Berühmter Architekt. Ununterbrochen auf Reisen bis zu seinem Tod (über eine Zeitspanne von zwanzig Jahren). Er starb auf einer Schiffsreise zwischen Malta und Marseille auf dem Dampfer «Egypts». Verschiedentlich war er Verfasser und Illustrator eines Buches in einer Person. Eine Ausnahme sind die Alpenbücher: «Switzerland» (W. Beattie; herausgegeben 1836; mit 106 Tafeln), «The Waldenses or Protestant Valleys of Piedmont, Dauphiny and the Ban de la Roche» (Beattie; illustriert in Zusammenarbeit mit W. Brockedon; gedruckt 1838) und «Piedmont and Italy from the Alps to Tiber» (D. Costello, posthum erschienen 1861). Diese Werke enthalten nicht nur Illustrationen Bartletts, sondern auch solche anderer Künstler. Das Verzeichnis seiner Werke ist lang. Britton behauptete, er habe mehr als tausend technisch perfekte Tafeln geschaffen.

BAUMANN-ZÜRRER C. Schweizer Illustrator und Maler. Mitarbeiter der «Neuen Alpenpost» von Zürich ab 1879.

BAXTER GEORGE (Lewes 1804 – Sydentram 1867). Engländer; Radierer, Lithograph und Farbensteindrucker. 1845 Ausstellung in der «Royal Academy».

BAYARD EMILE-ANTOINE (La Ferté-sous-Jouarre 1837 – Kairo 1891). Maler und Zeichner. Schüler Léon Cogniets. Ab 1864 Mitarbeiter des «Journal pour rire» und der «Illustration». Äußerst fruchtbares künstlerisches Schaffen. Er führte zahlreiche Tafeln für Hachette und Hetzel aus (Buchillustrationen zu «Journal des voyages», «Le Tour du Monde» etc.). Nach 1878 widmete er sich fast ausschließlich der Malerei.

BAYNES THOMAS MANN (1794—1854). Englischer Maler und Lithograph.

BAYOT ADOLPHE-JEAN-BAPTISTE (Alessandria 1810— ?). Maler und Lithograph. In Italien geboren, Eltern französischer Abstammung. Er ließ sich in Paris nieder und stellte von 1863 bis 1866 im «Salon» aus.

BEAUMONT ALBANIS (Bissy 1753 — Vernaz 1811). Französischer Wasserbauingenieur. Im Dienste des Königs von Sardinien. Lange Reisen durch die Grafschaft Nizza, in die Alpenregion und nach Turin. Von diesen Reisen brachte er zahlreiche Zeichnungen zurück. Er lebte lange in London. 1796 kehrte er nach Savoyen zurück.

BÉLANGER (oder BELLANGÉ) LOUIS (Paris 1736 — Stockholm 1816). Franzose; Landschafts- und Aquarellmaler. Er arbeitete in Frankreich, Italien, der Schweiz und England. 1790 und 1797 stellte er an der «Royal Academy» von London aus. Er übersiedelte nach Schweden und wurde 1798 Hofmaler.

BÉNARD. Pariser Lithograph. Zeugnisse seines Schaffens finden sich in der rue de l'Abbaye.

BENNET KARL-STEFAN (1800—1878). Schwedischer Maler und Lithograph. Offizier des Heeres. 1833 zog er sich zurück, um sich ganz der Malerei widmen zu können. In Italien vervollkommnete er seine Kunst.

BENOIST FÉLIX (Samour 1818— ?). Zeichner und Lithograph. Zahlreiche westfranzösische Landschaften. Wichtiges Album (Abbildungen von Nizza, der Seealpen und Savoyens).

BERTRAND C. Holzschneider; Franzose. Schaffensperiode in der zweiten Hälfte des 19. Jahrhunderts.

BEST. Holzschneider; Franzose. Er war im 19. Jahrhundert in Paris tätig, zuerst mit Andrew und Leloir, später mit Leloir, Hostin und Régnier. Er arbeitete für verschiedene Zeitungen.

BIRMANN PETER (Basel 1758—1844). Vater des Samuel und des Wilhelm. Schweizer Landschaftsmaler und Graveur. Von 1781 bis 1790 lebte er in Rom, wo er drei Jahre die Gravieranstalt «Volpato» leitete. Nach seiner Rückkehr in seine Geburtsstadt eröffnete er 1790 eine Kunstschule. In seinen letzten Lebensjahren war er als Kunsthändler tätig.

BIRMANN SAMUEL (Basel 1793—1847). Schweizer Landschaftsmaler und Zeichner. Sohn des Peter und Bruder des Wilhelm. Studien in Rom im Atelier des Malers Martin Verstappen (dieser lehrte ihn die typischen Merkmale der holländischen Malschule des 17. Jahrhunderts). Nach seiner Rückkehr nach Basel unterstützten die Gebrüder ihren Vater bei dessen Tätigkeit als Kunsthändler.

BIRMANN WILHELM (Basel 1794 — Pisa 1830). Landschaftsmaler und Kunsthändler; Schweizer. Sohn des Peter und Bruder des Samuel.

BLEULER JOHANN-HEINRICH (Zollikon 1758 — Feuerthalen 1823). Schweizer Graveur, Zeichner, Maler. Sehr bekannt für seine Berggravuren und für seine Schweizer Landschaftsbilder in Gouache-Technik. Als junger Mann Porzellanmaler. Er gab diese Tätigkeit bald auf, um ganz seiner künstlerischen Berufung zu folgen. Er war ein Schüler Heinrich Usters. 1801 eröffnete er ein Geschäft und betätigte sich als Händler von Stichen.

BORGONIO GIOVANNI TOMMASO (Perinaldo-Dolceacqua 1628 – Turin 1691). Ingenieur, Geograph, Zeichner. Staatssekretär in Piemont unter dem Herzog Vittorio Amedeo II. Berühmt für seine Karte der «Stati Sardi di Terraferma», die unter dem Namen «Madama Reale» läuft (Madama Reale war die zweite Ehefrau von Karl Emanuel II., Herzog von Savoyen).

BOURRIT MARC-THÉODORE (Genf 1735–1815). Naturforscher, Zeichner und Schriftsteller; Schweizer. Sein Name ist mit der Mont-Blanc-Eroberung untrennbar verbunden. Den Gipfel hat er jedoch nie selber erreicht.

BRIQUET. Familie von Buchhändlern und Verlegern französischen Ursprungs. Zeugnisse in Genf von 1728 bis zum 20. Jahrhundert. Gegen die Mitte des 19. Jahrhunderts findet man den Namen Briquet in Verbindung mit demjenigen des Malers, Lithographen und Verlegers Dubois.

BROCKEDON WILLIAM (Totnes 1767 – London 1854). Englischer Illustrator und Schriftsteller. Beginn seiner künstlerischen Studien in London um 1809 (nachdem er das väterliche Uhrmacher-Handwerk aufgegeben hatte). Seine ersten Arbeiten waren Bildnisse, die von der Kritik wohlwollend aufgenommen wurden. 1824 reiste er erstmals in die Alpenregion, die er später noch sehr oft besuchen sollte. Er kehrte zurück und bereitete in den folgenden Jahren sein Werk «Illustrations of the Passes of the Alps...» (mit 109 Stichen) vor. Er verfaßte das Reisehandbuch «Handbook for travellers in Switzerland, and the Alps of Savoy and Piedmont» (verlegt bei Murray 1838). Zusammen mit W.H. Bartlett illustrierte er Beatties «The Waldenses or Protestant Valleys of Piedmont, Dauphiny and the Ban de la Roche» (herausgegeben 1838).

BROWNE T.D.H. Englischer Maler (Bibelillustrator). Von 1861 bis 1867 stellte er in der «Royal Academy» von London aus.

BRUGNOT. Holzschneider; Franzose. Schaffensperiode um die Mitte des 19. Jahrhunderts.

BUCKLE D. Englischer Stahlschneider. Er arbeitete im 19. Jahrhundert in London. Seine berühmte Tafel «Mont Blanc, from Chamouni» (gefertigt nach der Zeichnung Bartletts) wurde oft kopiert.

CALAME ALEXANDRE (Vevey 1810 – Menton 1864). Maler, Aquarellist und Graveur; Schweizer. Schüler Didays. Er war einer der bedeutendsten Schweizer Maler. Bergansichten waren seine Spezialität.

CARREL GEORGES (Châtillon 1800 – Aosta 1870). Kanonikus der Stiftskirche von Sant'Orso. 1826 Priesterweihe. Er gründete 1858 die «Société de la Flore Valdôtaine» und 1866 die Sektion Aostatal des italienischen Alpenclubs (Sitz in Aosta).

CASSEL JOHN (Manchester 1817 – London 1865). Bevor er sich als Herausgeber betätigte, arbeitete er als Schreiner sowie als Tee- und Kaffeehändler. Er begann zu schreiben; seine Werke veröffentlichte er selber. Ab 1851 Verlegertätigkeit.

CHARPENTIER HENRI (La Rochelle 1806 – Verten 1882). Sohn des Pierre-Henri (Metallstecher; gründete 1822 in Nantes eine bedeutende Druckerei). Henri Charpentier arbeitete im väterlichen Betrieb und wandte sich 1829 als einer der ersten der Verlegertätigkeit zu. Aus dem Konkurrenzkampf mit den Pariser Verlegern ging er als Sieger hervor. 1870 zog er sich von dieser Tätigkeit zurück.

CHAVANNE ETIENNE (Culoz 1797 — Grenoble 1887). Französischer Maler und Stecher. Schüler der «Ecole des Beaux-Arts» von Lyon.

CICERI EUGÈNE (Paris 1813 — Marlotte 1890). Französischer Maler; entstammte einer Künstlerfamilie. Schüler seines Vaters Pier-Luc-Charles. Ab 1842 widmete er sich fast ausschließlich der Landschaftsmalerei. Er war einer der produktivsten Künstler seiner Zeit. Sind die Werke auch eher als mittelmäßig einzustufen, so interessieren doch seine Lithographien vom topographischen Standpunkt aus. Von 1840 bis 1850 arbeitete er an zahlreichen Illustrationen zum Werk «Voyages pittoresques et romantiques».

CLOSS ADOLF (1840 — Stuttgart 1894). Deutscher Holzschneider. Vielseitiger Künstler. Insbesondere im Verlagssektor tätig.

COCKBURN JAMES PATTISON (ca. 1779—1847). 1793 Eintritt in die Militärakademie. Beförderung zum Major 1946. Schon als Kadett war er Schüler Paul Sandbys (eines akademischen Malers, der während vieler Jahre Professor für Landschaftsmalerei an der «Royal Military Academy» war). Er wurde ein ausgezeichneter Künstler. Mehrere Tafeln wurden in «Swiss Scenery», «Views of the Valley of Aosta», «View to illustrate the Simplon Route» und in «View to illustrate the Mont Cenis Route» veröffentlicht; alle Werke erschienen zwischen 1820 und 1822.

COIGNET JULES-LOUIS-PHILIPPE (Paris 1798—1860). Französischer Landschaftsmaler. Schüler Bertins. Er hielt sich lange in Italien auf, wo sein wichtigstes Gemälde «Les ruines du Temple de Paestum» (heute in München) entstand. Er verfaßte unter anderem den «Cours complet du paysage». Zu Lebzeiten war er berühmt, doch sein Ruhm überlebte ihn nicht.

COLEMAN EDMUND THOMAS (1823—1892). Englischer Künstler und Alpinist. Mitbegründer des «Alpine Club». Zweimalige Besteigung des Mont-Blanc 1855 und 1856. 1858 Erstbesteigung des Dôme de Miage.

COOKE GEORGE (London 1781 — Barnes 1834). Englischer Graveur. Spezialisiert auf Reproduktionen der Zeichnungen Turners. In Zusammenarbeit mit seinem älteren Bruder, William Bernard, schuf er wichtige Werke. Er war einer der Gründer der «Society of Associated Engravers».

COOKE WILLIAM BERNARD (London 1778—1855). Englischer Graveur, spezialisiert auf das Kupferstechen. Viele Darstellungen des Meeres. Bruder des George; wurde jedoch nie wirklich berühmt.

COOPER JAMES DAVIS (1823—1904). Englischer Holzschneider. Schaffensperiode in der zweiten Hälfte des 19. Jahrhunderts.

CUVILLIER ARMAND. Genfer Lithograph; war um die Mitte des 19. Jahrhunderts tätig.

DALZIEL EDWARD (Wooler 1817 — Hampstead 1905). Englischer Holzschneider, Maler und Zeichner. Zahlreiche Buchillustrationen.

DANDIRAN FRÉDÉRIC-FRANÇOIS (Bordeaux oder Nantes 1802 — Lausanne 1876). Landschaftsmaler und Lithograph; Franzose. Schüler von Töpffer, Calame und Harding. Zwischen 1833 und 1855 stellte er wiederholt im «Salon» von Paris aus. Seine Lithographien, die Schweizer Ansichten darstellen, sind sehr bekannt.

DAY WILLIAM (1797 – London 1845). Londoner Lithograph.

DELEGORGUE-CORDIER JEAN-FRANÇOIS-GABRIEL (Abbeville 1781 – Pinchefalise 1856). Französischer Graveur; schuf insbesondere Porträts und Szenen aus der Mythologie. Er ließ sich von van Dyck, Albane und von französischen Meistern des 18. Jahrhunderts inspirieren.

DEROY ISIDORE-LAURENT (Paris 1797–1886). Französischer Maler und Lithograph.

DICKENMANN oder DIKENMAN JOHANN-RUDOLF. Zeichner, Graveur und Kunstverleger. Schweizer; Sohn des Verlegers Dickenmann. Er übernahm die Leitung des väterlichen Betriebs. Sein Werk umfaßt viele in Aquatintatechnik hergestellte Tafeln (Schweizer Ansichten). Seine Schwester Anna aquarellierte etliche dieser Tafeln.

DIDAY FRANÇOIS (Genf 1802–1877). Schweizer Landschaftsmaler. Studien in Genf und Italien, 1830 bei Gros in Paris. Seine Ausstellungen in Turin, Wien, Paris und in der Schweiz wurden mit großem Beifall aufgenommen. Er fand überall Anerkennung. 1842 erhielt er das Kreuz der Ehrenlegion. Bei seinem Tod hinterließ er der Stadt Genf eine große Summe, mit der die «Fondation Diday» geschaffen wurde.

DIXON CHARLES-THOMAS. Maler und Stecher; arbeitete in der ersten Hälfte des 19. Jahrhunderts in London.

Gebrüder DOYEN. Michele Doyen (Dijon 1809 – Turin 1871). Demetrio Festa holte ihn nach Italien, wo er in dessen Druckerei arbeitete. 1833 eröffnete Michele Doyen zusammen mit Ajello eine eigene lithographische Anstalt in Turin. Die Zusammenarbeit mit Michele Ajello sollte aber nur fünf Jahre dauern. Ende 1838 erhielt das Unternehmen den Firmennamen «Litografia Doyen e C.». Gegen 1854 hatte sich Michele Doyens Steindruckerei zur wichtigsten in Turin entwickelt (er besaß acht Brisset-Druckpressen und beschäftigte 5 Zeichner und 25 Arbeiter). 1846 eröffnete Doyen einen zweiten Betrieb in Genf und betraute seinen Bruder Leonardo mit dessen Leitung. Nach 1850 fusionierten die beiden Unternehmen; die Firma hieß nun «Litografia Fratelli Doyen e C.».

DUBOIS JEAN (Genf 1789–1849). Maler, Verleger und Lithograph; Schweizer. Zusammenarbeit mit Briquet. Sehr bekannt für seine Mont-Blanc-Tafeln, lithographiert von Spengler und Schmid in Genf.

DUFRAIN. Holzschneider; Franzose. Von ihm kennt man Arbeiten, die in der ersten Hälfte des 19. Jahrhunderts in Paris verfertigt wurden.

DUNKER BALTHASAR-ANTON (Saal 1746 – Bern 1807). Schweizer Landschaftsmaler und Graveur. Schüler von Hackert und Vien.

EGERTON DANIEL THOMAS. Englischer Landschaftsmaler. 1842 in Mexiko ermordet. Er war eines der ersten Mitglieder der «Society of Artists».

ENGELMANN GODEFROY I (Mülhausen 1788–1839). Englischer Zeichner, Lithograph und Miniaturmaler. Schüler Regnaults. Er führte als einer der ersten die Lithographie in Frankreich ein. Es gelang ihm, diese Technik um einiges zu verbessern; hierüber verfaßte er ein Handbuch.

ENGELMANN GODEFROY II (1814–1897). Englischer Lithograph; Sohn Godefroys I. Er gilt – zusammen mit seinem Vater – als der Erfinder des Farbensteindrucks.

ENGELMANN WILHELM (Lemgo 1808 – Leipzig 1878). Deutscher Verleger und Bibliograph. Nach verschiedenen Reisen durch Europa übernahm er 1833 die Leitung des 1811 von seinem Vater gegründeten Verlagshauses. Er machte es zu einem führenden Unternehmen des deutschen Verlagswesens.

FALKEISEN JOHANN-JAKOB (Basel 1804–1883). Schweizer Graveur und Landschaftsmaler. Studien in Paris und Mailand unter der Anleitung Migliaras und Chérubins. In seinen letzten Lebensjahren war er Konservator des Basler Kunstmuseums.

FIELDING THALES (1793 – London 1837). Englischer Landschaftsmaler. Sohn des Nathan Théodore. Mit Delacroix verband ihn eine enge Freundschaft. Er lebte lange mit ihm in Paris zusammen.

FINDEN EDWARD FRANCIS (1791–1857). Englischer Graveur. Jüngerer Bruder des William, dessen Schüler er zunächst war. Anschließend erfolgreiche Zusammenarbeit. 1831 Stiche zu «Illustrations of the Vaudois in a Series of Views». Illustrator von Zeitungen, Gedichtsammlungen und sentimentalen Büchern.

FISHER SAMUEL. Kupferstecher und Stahlschneider; Engländer. Er arbeitete von 1831 bis 1844 in London. Er machte sich vor allem als Buchillustrator einen Namen.

FORBES JAMES DAVID (Edinburg 1809–1866). Englischer Glaziologe. Während 26 Jahren hatte er den Lehrstuhl für «Philosophie der Naturwissenschaften» an der Universität von Edinburg inne. Bis 1853 unternahm er viele Reisen und bestieg verschiedene Gipfel in den Alpen.

FRÉGEVIZE EDOUARD (Berlin 1804 – London, gegen 1860). Deutscher Maler und Lithograph. Sohn des Malers Frédéric Frégevize (Genf 1770–1849). Er lebte vor allem in Genf. Seine Porträts und Landschaftsbilder machten ihn bekannt.

GAGNÉ JACQUES, genannt JULES GAGNIET (Saint-Priest-Feuille 1820 – Paris 1864). Pastell- und Aquarellmaler, Lithograph und Graveur. Franzose; Schüler von Maudet und Pauquet.

GAILDRAU JULES (Paris 1816–1898). Französischer Maler und Zeichner. Ausstellungen im «Salon» von 1848 bis 1857. Er war einer der besten Mitarbeiter der «Illustration».

GASTALDI ANDREA (Turin 1810–1889). Turiner Maler. Studien in Paris. Direktor der Accademia Albertina von Turin.

GÉRARD LOUIS-AUGUSTE (Versailles 1782–1862). Landschaftsmaler, Holzschneider und Lithograph; Franzose. Ausstellungen im «Salon» von 1819 bis 1843.

GONIN FRANCESCO (Turin 1808 – Giaveno 1889). Außerordentlich bekannter italienischer Maler und Stecher. Er illustrierte «I Promessi Sposi» von Manzoni und die «Poesie in dialetto milanese» von Carlo Porta.

GRANDSIRE PIERRE-EUGÈNE (Orléans 1825 – Paris 1905). Französischer Maler und Illustrator. Ausstellungen im «Salon» ab 1850. Ausgezeichnet mit der Bronzemedaille in den Jahren 1889 und 1900.

GRUNDMANN. Bekannter Maler und Illustrator; Schweizer. Schaffensperiode in der ersten Hälfte des 19. Jahrhunderts.

GUÉRARD EUGÈNE. Pariser Miniaturmaler und Graveur. Arbeitete im 19. Jahrhundert. 1881 erhielt er für das Stechen ein Ehrendiplom.

HACKERT KARL-LUDWIG (Prenzlau 1740 — Morges 1796). Schweizer Landschaftsmaler deutscher Herkunft. Begabter Graveur; sein Name bleibt untrennbar mit den Tafeln, welche die Schweiz darstellen, verbunden.

HAGHE LOUIS (Tournai 1806 — Stockwell 1885). Englischer Maler, Aquarellist und Lithograph. In London erhielt er zunächst den Titel «Zeichner des Königs», dann wurde er Zeichner der Königin Viktoria. Er stellte 1834 und 1835 in Paris aus. Er war einer der Mitbegründer der «New Society of Painters in Water Colours» und später ihr Präsident. Auch als Verleger tätig.

HAGHE Mrs. L. Ehefrau des Louis. Bekannte Blumenmalerin.

HAIMANN JOSEPH (Mailand 1828–1883). Mailänder Landschaftsmaler. Er hielt sich in Venedig auf. 1855 stellte er bei der «Gesellschaft der Schönen Künste» von Wien aus.

HALL SYDNEY PRIOR (Newmarket 1842– ?). Englischer Maler und Zeichner. Schüler seines Vaters Harry und von Arthur Hughes, Studien an der «Royal Academy». Er war langjähriger Mitarbeiter (Zeichner) beim «London Graphic»; in dieser Eigenschaft begleitete er den Prinzen von Wales und späteren König Eduard VII. auf dessen Reise nach Indien.

HANHART MICHAEL. Englischer Landschaftsmaler. Schaffensperiode in der ersten Hälfte des 19. Jahrhunderts.

HARDING JAMES DUFFIELD (Deptford 1798 — Surrey 1863). Englischer Landschaftsmaler, Stecher und Lithograph. Sohn einer Zeichenlehrerin. Widmete sich zunächst dem Stechen, das ihn Pye gelehrt hatte, und wandte sich dann der Lithographie zu. Er erfand eine neue Technick: Anstelle eines Stifts benutzte er einen Pinsel.

HIMELY SIGISMOND (Neuenstadt 1801 — Paris 1872). Französischer Landschafts- und Aquarellmaler, Graveur. Studien in Paris im Atelier seines Lehrmeisters Bertin.

HOGARD HENRI. Schweizer Aquarellist. Er arbeitete in Straßburg gegen die Mitte des 19. Jahrhunderts.

HUBER HANS. Deutscher Landschaftsmaler. Tätigkeit im 19. Jahrhundert in München.

HULLMANDEL CHARLES JOSEPH (London 1789–1850). Er widmete sich schon früh der Lithographie und veröffentlichte 1818 «Twenty-five Views of Italy». Zu der Zeit war diese Technik in England noch fast unbekannt. Er half sie im Vereinigten Königreich einzuführen.

HUREL ALEXANDRE. Französischer Graveur. Im 19. Jahrhundert in Metz geboren. 1866 stellte er zum ersten Mal im «Salon» aus.

HUYOT JULES-JEAN-MARIE-JOSEPH. Holzschneider; Franzose. Schaffensperiode in der zweiten Hälfte des 19. Jahrhunderts. Er stellte ab 1868 im «Salon» aus. 1887 und 1894 wurde er mit der Medaille ausgezeichnet.

INCHBOLD JOHN WILLIAM (Leeds 1830–1888). Englischer Maler und Stecher. Sohn des Besitzers der Zeitung «Leeds Intelligencer». Studium der Zeichenkunst. Übersiedelung nach London; dort arbeitete er im lithographischen Atelier «Day & Haghe». 1847 begann er bei seinem Lehrmeister Louis Haghe, die Technik des Aquarellierens zu studieren. Seine Werke wurden von 1849 bis 1887 in der «Royal Academy» ausgestellt.

ISABEY JEAN-BAPTISTE (Nancy 1767 — Paris 1855). Französischer Kunst- und Miniaturmaler, Lithograph. Bedeutendster Miniaturmaler seiner Zeit. Er war einer der ersten Künstler, die die Technik des Lithographierens anwandten.

JADIN LOUIS-GODEFROY (Paris 1805—1882). Französischer Maler und Graveur, spezialisiert auf Jagd- und Tierszenen. 1840 und 1855 wurde er im «Salon» mit der Medaille erster Klasse ausgezeichnet. Er war der Vertraute Alexandre Dumas', den er auf mehreren Reisen begleitete.

JATTIOT CHARLES. Französischer Graveur des 19. Jahrhunderts. 1853 Ausstellung im «Salon».

JOLIET (oder JOLIOT) AUGUSTE. Holzschneider. Geboren in Paris; arbeitete im 19. Jahrhundert in Paris.

JUNCK JEAN. Lithograph französischer Herkunft. Vater des Malers Junck. Ab 1840 war er in Turin tätig, wo er vor allem den Farbensteindruck einführte. Seine graphische Werkstatt stand an Bedeutung hinter derjenigen der Gebrüder Doyen an zweiter Stelle.

KURZ GEORG MICHAEL (Hersbruck 1815 — München 1883). Deutscher Stecher; arbeitete in München mit Johann Poppel zusammen.

LAMY JEAN-PIERRE. Schweizer Lithograph der ersten Hälfte des 19. Jahrhunderts.

LANCELOT DIEUDONNÉ AUGUSTE (Sézanne 1822 — Paris 1894). Französischer Lithograph und Illustrator. Schüler des Arnaud de Troyes. Ausstellungen im «Salon» zwischen 1853 und 1876. Er illustrierte wichtige Werke der französischen Literatur.

LAPLANTE CHARLES (Sèvres ? —1903). Französischer Graveur. Schüler Fagnions.

LEIGHTON CHARLES-BLAIR (1823—1855). Englischer Maler und Graveur. Ausstellungen in der «Royal Academy» von London zwischen 1843 und 1854.

LEMERCIER ALFRED-LÉON. Französischer Lithograph; war von 1829 bis gegen die Mitte des 19. Jahrhunderts in Paris tätig.

LÉVÊQUE HENRI (Genf 1769 — Rom 1832). Schweizer Graveur und Maler.

LINCK JEAN-ANTOINE (Genf 1766—1843). Schweizer Maler und Graveur. Gebirgslandschaften; berühmte Darstellungen des Tals von Chamonix, des Rhonetals und von Genf. Meister der Aquarell- und Gouachetechnik. Sein Vater Conrad Linck und sein Bruder Jean-Philippe waren beide geachtete Graveure.

LINCK JEAN-PHILIPPE (Genf 1770—1812). Schweizer Graveur. Jüngerer Bruder des Jean-Antoine.

LINTON HENRY DUFF (Norbiton 1815—1899). Holzschneider; Engländer. Mitarbeiter — unter anderem — von «Illustrated London News» und der Zeitschrift «Plume et Crayon».

LONGMANS, GREEN & CO. Verlagshaus. Veröffentlichungen verschiedener Werke, darunter «Peacks, Passes and Glaciers», 1859—1862. Der Inhaber, W. Longman, war eines der ersten

Mitglieder des «Alpine Club», dessen Vizepräsident bzw. Präsident er von 1871 bis 1874 war.

LOPPÉ GABRIEL (Montpellier 1825 — Paris 1913). Französischer Landschaftsmaler. Ab 1881 lebte er während der Sommermonate in Chamonix. Er war ein Schüler Didays und malte vor allem Hochgebirgsszenen. 1983 richtete das Museum von Chamonix einen für seine Werke reservierten Saal ein.

LORY GABRIEL LUDWIG, père (Bern 1763—1840). Graveur, Landschafts- und Aquarellmaler; Schweizer. Schüler Aberlis. Mitarbeiter von Bacler d'Albe.

LORY MATHIAS GABRIEL (Bern 1784—1846). Schweizer Maler und Graveur. Seine erste künstlerische Ausbildung erhielt er von seinem Vater Gabriel Ludwig. Die Illustrationen zum 1811 erschienenen Werk «Voyage pittoresque de Genève à Milan» brachte er von seiner Italienreise (1806) zurück. Seine Zeitgenossen schätzten ihn als Landschaftsmaler sehr. Aber auch heute noch sind seine Werke von Sammlern gesucht. Die wichtigsten sind: «Voyage pittoresque dans l'Oberland bernois» (1822), «Costumes Suisses» (1824), «Voyage pittoresque dans la Vallée de Chamouni et autour du Mont-Blanc» (1826), «Souvenir de la Suisse» (1829); alle Szenen sind in Aquatintatechnik gemalt.

LUPTON THOMAS GOFF (London 1791—1873). Kupferstecher. Engländer; Erfinder des Stahlstechens.

MAHONEY JAMES (Cork ca. 1816 — London 1879). Aquarellmaler und Holzschneider; Engländer. Mitglied der «New Water-Colours Society». Ausstellungen in der «Royal Academy» ab 1866.

MARC AUGUSTE (Metz 1818 — Suresnes 1886). Maler, Illustrator und Schriftsteller; Franzose. Professor in Deikirch (Luxemburg). Anschließend Aufenthalt in Paris. Schüler Delaroches. Ausstellung im «Salon» 1847. Er war der Herausgeber von «L'Illustration» 1868 bis 1886.

MARCHAND. Holzschneider. Franzose; arbeitete im 19. Jahrhundert.

MARGUERON FRÉDÉRIC. Schweizer Buchdrucker und Lithograph des 19. Jahrhunderts.

MARTEL PIERRE (Lausanne 1701 — Jamaica 1761). Schweizer Zeichner. 1743 Übersiedlung nach London.

MAURAND CHARLES. Pariser Graveur. Schüler Guillaumots. Er stellte von 1863 bis 1888 im «Salon» aus.

DE MECHEL CHRÉTIEN (Basel ? — Berlin 1817). Schweizer Graveur und Kunstverleger. 1758 Niederlassung in Paris. 1766 Rückkehr nach Basel. 1803 Umzug nach Berlin. Er veröffentlichte zahlreiche wertvolle Werke; besonders erwähnenswert sind die aquarellierten Stiche, welche die Mont-Blanc-Besteigung durch de Saussure darstellen.

DE MEURON MAXIMILIEN (Corcelles bei Neuenburg 1785 — Neuenburg 1868). Französischer Landschaftsmaler schweizerischer Herkunft. Um sich ganz der Kunst widmen zu können, gab er ein diplomatisches Amt auf. 1808 studierte er in Paris und 1808 in Rom. Im Jahre 1816 übersiedelte er nach Neuenburg. Er war einer der ersten Gebirgsmaler (vor allem Darstellungen der Alpen). Seine Zeitgenossen schätzten ihn. Er stellte in Paris und Berlin aus. Er gehörte zu den Mitbegründern der «Gesellschaft der Kunstfreunde» und des Museums von Neuenburg.

MEYER-HEINE THÉODORE. Französischer Graveur. Geboren im 19. Jahrhundert in Paris. Er stellte 1863—1879 im «Salon» aus.

MOITTE ALEXANDRE (Paris 1750—1828). Manierierter Maler, Lithograph und Porträtist; Franzose. Schüler seines Vaters Pierre Etienne, der seinerseits Schüler von Beaumont war.

MORISON DOUGLAS (Middlesex 1814 — Datchet 1847). Englischer Maler, Graveur und Lithograph. Er wurde 1836 als Mitglied des «Royal Institute or New Society of Painters in Water-Colours» gewählt. 1844 kündigte er seine Mitgliedschaft, um der «Royal Society of Painters in Water-Colours» beizutreten.

MÜLLER FRIEDRICH (Raschau 1837 — Dresden 1871). Holzschneider; Deutscher. In Dresden Schüler Gabers. Er stach verschiedene Werke Ludwig Richters.

MÜLLER THÉODORE (Straßburg 1819 — Paris 1879). Französischer Lithograph und Graveur. Sehr bekannt durch seine Landschaften.

MURRAY JOHN (London 1808—1892). Er veröffentlichte eine Reihe von Reiseführern, die nach ihm benannt wurden. Sein Verlagshaus gab unzählige Werke heraus, darunter dasjenige Whympers (erschienen am Todestag Murrays, am 2. April 1892).

D'OSTERVALD JULES-FRÉDÉRIC. Pariser Verleger und talentierter Amateur-Landschaftsmaler. Schüler von Lory, père. In der ersten Hälfte des 19. Jahrhunderts tätig. Er illustrierte einige Blätter des Werkes «Voyage pittoresque dans la vallée de Chamouni et autour du Mont-Blanc», das — zusammen mit der Veröffentlichung «Voyage pittoresque en Sicile» — als Höhepunkt seiner verlegerischen Tätigkeit gilt.

PANNEMAKER ADOLPHE FRANÇOIS (Brüssel 1822— ?). Holz- und Stahlschneider; Belgier. Vater seines berühmteren Sohnes Stéphane. Er lebte in Paris, wo er ab 1855 im «Salon» ausstellte. Er spezialisierte sich auf Holzschnitte zur Illustrierung von Büchern.

PERROT ANTOINE MARIE (Paris 1787— ?). Architekturmaler; Franzose. Schüler von Watelet und Michalon.

PICKEN (1815 — London 1845). Englischer Lithograph. Schüler des Louis Haghe. Begabter Reisebuchillustrator.

QUARTLEY JOHN. Holzschneider; Engländer. Er arbeitete von 1835 bis 1867 in Tours.

RADCLYFFE WILLIAM (Birmingham 1780—1855). Kupferstecher; Engländer. Spezialisiert auf Landschaftstafeln. 1814 Mitbegründer der Kunstschule von Birmingham. Er reproduzierte viele Werke Turners.

RAOUL-ROCHETTE DÉSIRÉ (Saint-Amand 1790 — Paris 1854). Sohn eines Landarztes. 1811 übersiedelte er nach Paris, wo er zum stellvertretenden Professor für Moderne Geschichte der philologischen Fakultät berufen wurde. Er war ein berühmter Gräzist, Archäologe und Historiker und korrespondierte mit den Akademien von München, Berlin, Rom, Neapel und Madrid. Er galt als einer der wichtigsten Vertreter des zeitgenössischen kulturellen Lebens.

REEVE R.G. Londoner Graveur. Bekannt für sein zwischen 1811 und 1837 entstandenes Werk.

Gebrüder REYCEND. Am 8. März 1847 erhielt Giacomo Reycend das Patent für den Farbensteindruck. Die Gebrüder Reycend, Antiquariatsbuchhändler und Verkäufer lithographischer Stiche in Turin, konnten ihre eigene Werkstatt eröffnen und so auch auf anderen Gebieten tätig werden.

RIOU EDOUARD (Saint-Servan 1833 — Paris 1900). Landschaftsmaler und Zeichner; Franzose. 1859 Debüt im «Salon». Berühmt für seine Zeichnungen, die das Werk von Jules Verne illustrierten.

ROHBOCK LUDWIG. Deutscher Graveur und Zeichner. In Nürnberg geboren. Schaffensperiode in der zweiten Hälfte des 19. Jahrhunderts.

ROUARGUE EMILE UND ADOLPHE. (Emile: ca. 1795 — Epône-Nantes 1865) Emile Rouargue: Franzose; Zeichner. Kupferstecher und Stahlschneider. Schüler von Delaunay und Mariage. All seine Werke entstanden in Zusammenarbeit mit seinem Bruder Adolphe.

ROUGET FRANÇOIS. Holzschneider; Belgier. Geboren vor 1825 in Nonsons-Thil.

RUSKIN JOHN (London 1819 — Brant-Wood 1900). Schriftsteller. Professor, Kunstkritiker, Aquarellist und Architekturmaler. Ruskin, ein gebürtiger Schotte, beeinflußte die englische Kunst entscheidend. Mit seinem Hauptwerk «Modern Painters» (einer Veröffentlichung in 5 Bänden) verlieh er seiner Bewunderung für Turner Ausdruck. 1869 wurde er zum Professor an der Universität Oxford berufen.

SABATIER LÉON-JEAN-BAPTISTE (Paris ? —1887). Französischer Lithograph und Zeichner. Schüler Baron Taylors und Bertins.

SALATHÉ FRÉDÉRIC (Binningen 1793 — Paris 1860). Schweizer Maler und Graveur. Schüler des Peter und des Samuel Birmann. Reise nach Rom mit Samuel Birmann. Er wurde von Calame inspiriert.

SARGENT ALFRED-LOUIS (Paris 1828— ?). Holzschneider; Franzose. Ab 1855 Ausstellungen im «Salon».

DE SAUSSURE HORACE-BÉNÉDICT (Genf 1740—1799). Schweizer Physiker und Naturforscher. Sein Name ist mit der Eroberung des Mont-Blanc untrennbar verbunden. Seine Publikationen fanden zu seiner Zeit außerordentlich große Beachtung.

SCHMID JOHANN. Schweizer Lithograph und Stecher. War von 1808 bis 1835 in Budapest tätig.

SCHMUZER JACOB (Wien 1773—1811). Zeichner und Graveur. Österreicher. Sohn des Andreas; arbeitete in Wien und in Paris.

SKELTON JOSEPH (ca. 1785 — nach 1850). Kupferstecher; Engländer. In London und Paris tätig.

SMITH JOHN. Englischer Kupferstecher und Stahlschneider. Gegen 1798 geboren.

STAGNON GIACOMO oder STAGNONI JACOPO (Mondelli). Kupferstecher; Italiener. Sehr bekannt für sein zwischen 1750 und 1772 entstandenes Werk. Er stach Porträts, Landkarten und Banknoten.

STRASSBERGER BRUNO HEINRICH (Leipzig 1832–1910). Deutscher Illustrator. Langjähriger Mitarbeiter der «Illustrirten Zeitung» in Leipzig.

TANNER JOHANN JAKOB der Jüngere (Herisau 1807– ?). Schweizer Zeichner und Aquarellist.

TERRY HENRY JOHN (Great Marlow 1818 – Lausanne 1880). Maler, Aquarellist und Lithograph. Schüler von Calame in Genf. Zunächst Reproduktionen (Lithographien) der Werke seines Lehrmeisters. Später ausgezeichneter Landschaftsmaler. Er nahm an vielen Ausstellungen in der Schweiz teil.

TIRPENNE JEAN-LOUIS (Hamburg 1801 – Paris nach 1867). Maler und Lithograph. In Deutschland geboren, Eltern französischen Ursprungs. Schüler von Bouton, Daguerre und Remond. Er war an der Erfindung der sogenannten Tirpenne-Methode beteiligt.

TÖPFFER ADAM (Genf 1766 – Morillon 1847). Schweizer Landschaftsmaler und Karikaturist. Vater Rodolphes.

TÖPFFER RODOLPHE (Genf 1799–1846). Schweizer Autor, Politiker, Zeichner und Humorist. Sohn Adam Töpffers. Seine «Voyages en zigzag...» sind noch heute berühmt. Er illustrierte dieses Werk selber. Die vielen Abbildungen entstanden auf seinen Reisen, die er zusammen mit den Schülern des von ihm gegründeten Pensionats durchführte.

Gebrüder TREVES. Italienisches Verlagshaus, 1861 in Mailand von Emilio Treves (1834–1916) gegründet. Im 19. Jahrhundert gaben die Verleger Bücher der verschiedensten Fachrichtungen heraus (Geschichte, Kunst, Politik, Naturwissenschaften); die eigentlichen Höchstleistungen wurden im literarischen Sektor (Prosa und Lyrik) erzielt. Ab 1873 begann er mit der Herausgabe der bekannten Zeitschrift «L'Illustrazione Italiana».

TURNER JOSEPH MALLORD WILLIAM (London 1775 – Chelsea 1851). Berühmter englischer Maler, Aquarellist und Graveur. Er inspirierte fast alle englischen Graveure der ersten Hälfte des 19. Jahrhunderts (insbesondere diejenigen, die Landschaften stachen).

VERHAS THEODOR (Schwetzingen 1811 – Heidelberg 1872). Maler, Architektur- und Landschaftszeichner, Lithograph. Deutscher; arbeitete vor allem in seiner Geburtsstadt.

VILLENEUVE JULES-LOUIS-FRÉDÉRIC (Paris 1796–1842). Französischer Zeichner und Lithograph. Schüler Regnaults.

VIOLLET-LE-DUC EUGÈNE EMMANUEL (Paris 1814 – Lausanne 1879). Französischer Architekt und Aquarellist. Er war als Architekt und Verfasser des «Dictionnaire d'Architecture» bekannt.

VIRTUE JAMES SPRENT (London 1829–1892). Englischer Verleger. Er setzte das Werk seines Vaters fort. Sein Verlag hatte sich auf Publikationen von Kunstbüchern spezialisiert. James Virtue wählte die Künstler und Graveure selber aus. Die publizierten Bücher galten zu jener Zeit als unübertreffliche Meisterwerke. Die wichtigsten darunter waren die von William Bartlett illustrierten Bände. Von Virtue wird angenommen, daß er im Verlauf seiner Verlegertätigkeit mehr als 20000 Kupfer- und Stahlstiche veröffentlichte.

WALLIS ROBERT (London 1794–1878). Einer der geschicktesten englischen Stecher, die sich im zweiten Viertel des 19. Jahrhunderts auf die Reproduktion des Werkes von Turner spezialisiert hatten.

WALTON ELIJAH (Birmingham 1832 – Worcestershire 1880). Englischer Maler. 1860 in der Schweiz, in Ägypten, Syrien und Konstantinopel tätig. Zwischen 1862 und 1867 arbeitete er in der Alpenregion und in Ägypten. Er aquarellierte und malte in Öl. Die Reproduktionen einiger seiner Werke illustrieren verschiedene Bücher. Die Alpenansichten mit den für ihn typischen Gipfeln, welche die Wolkendecke durchbrechen, machten ihn berühmt.

WALTON W.L. Londoner Landschaftsmaler. Schaffensperiode um die Mitte des 19. Jahrhunderts. Er stellte von 1834 bis 1855 im «Salon» aus.

WEBER GOTTLIEB DANIEL PAUL (Darmstadt 1823 – München 1916). Landschafts- und Kunstmaler. Deutscher; Studien in Frankfurt und München. Reise in den Orient. 1868 Ausstellung in Wien.

WEBER JOHANN JAKOB (Siblingen 1803 – Leipzig 1880). Deutscher Illustrator, Buchhändler und Verleger. Vorliebe für den Holzschnitt.

WEIBEL CHARLES oder KARL RUDOLPH (Bern 1796 – Chamonix 1856). Schweizer Maler mit Atelier in Chamonix.

WERNER JOHANNES (St-Imier 1803– ?). Schweizer Maler und Lithograph.

WESTWOOD CHARLES (Birmingham ? –1855). Kupferstecher. Engländer; spezialisiert auf Landschaften und Buchillustrationen.

WHYMPER EDWARD (London 1840 – Chamonix 1911). Holzschneider und bekannter Alpinist. Engländer; übernahm schon als junger Mann die väterliche Werkstätte. Er führte seine Tätigkeit sogar dann noch weiter, als um die Jahrhundertwende die Nachfrage nach Stichen durch das Aufkommen der Photographie sank. Berühmtheit erlangte er weniger durch seine künstlerische Tätigkeit als durch seine alpinistischen Leistungen (Erstbesteigung des Matterhorns 1865 und des Chimborazo 1880).

WHYMPER JOSIAH WOOD (Ipswich 1813 – Haslemere 1903). Maler, Aquarellist und Holzschneider. Engländer; Vater Edwards. Mitbesitzer der nach ihm benannten Holzschneiderwerkstatt.

WILLMORE JAMES TIBBITS. Englischer Stecher. Illustrationen wertvoller Bücher (Turners «England and Wales», 1827–1838, und Brockedons «Passes of the Alps», 1828/29, sind die wichtigsten).

WINTERLIN ANTON (Degerfelden 1805 – Basel 1894). Schweizer Landschafts- und Architekturzeichner.

WITZ KONRAD (1400–1446). Maler und Holzschnitzer; Deutscher. Einer der bedeutendsten deutschen Künstler des 15. Jahrhunderts. Sein in Genf befindliches Werk «Der wunderbare Fischzug» ist die erste identifizierbare Landschaftsdarstellung (Genfer See mit Mont-Blanc).

WOCHER MARQUART (1760–1830). Maler und Kupferstecher; Schweizer deutscher Herkunft. Er arbeitete in Bern und Basel. Auf Ansuchen des Genfer Gelehrten de Saussure stach er die berühmten Platten, welche dessen Mont-Blanc-Besteigung von 1787 unsterblich machten. Er schuf das in Thun befindliche Wocher-Panorama (Genreszenen aus Thun um 1810).

VERZEICHNIS DER TECHNIKEN

Kupferstiche (auch farbige oder kolorierte)

S. 14; Nr. 1, 2, 3, 4, 5, 6, 7, 8, 9, 10, 11, 12, 13, 14, 15, 16, 17, 18, 19, 20, 21, 22, 23, 24, 25, 26, 27, 28, 29, 30, 31, 32, 33, 34, 35, 36, 37, 38, 39, 40, 41, 42, 43, 44, 45, 46, 47, 48, 49, 51, 54, 55, 56, 57, 58, 59, 60, 61, 62, 63, 64, 65, 66, 67, 68, 69, 70, 75, 77, 79, 80, 81, 82, 83, 84, 85, 86, 87, 88, 89, 90, 91, 92, 93, 94, 95, 96, 97, 98, 99, 100, 101, 102, 103, 104, 105, 106, 107, 108, 109, 110, 143, 144, 145, 146, 147, 148, 170, 171, 197, 198, 201, 239, 270, 271, 272, 273, 322, 323, 328, 329, 330, 389, 390, 391, 489, 499, 500, 501, 502, 503.

Stahlstiche (auch kolorierte)

Nr. 71, 72, 111, 112, 113, 114, 115, 116, 137, 138, 140, 149, 150, 151, 152, 153, 154, 155, 156, 168, 169, 203, 206, 243, 247, 248, 249, 262, 356, 357, 358, 363, 392, 393, 394, 395, 424, 450, 451, 452.

Lithographien (auch farbige und kolorierte)

Nr. 50, 52, 53, 73, 74, 76, 78, 117, 118, 119, 120, 121, 122, 123, 124, 125, 126, 127, 128, 129, 130, 131, 132, 133, 134, 135, 136, 139, 141, 142, 157, 158, 159, 160, 161, 162, 163, 164, 165, 166, 167, 172, 173, 174, 175, 176, 177, 178, 179, 180, 181, 182, 183, 184, 195, 196, 199, 200, 202, 204, 205, 207, 208, 209, 210, 211, 212, 213, 214, 215, 216, 217, 218, 219, 220, 221, 222, 223, 224, 225, 226, 227, 228, 229, 230, 231, 232, 233, 234, 235, 236, 237, 238, 240, 241, 242, 244, 245, 246, 250, 251, 252, 253, 254, 255, 256, 257, 258, 259, 260, 261, 263, 264, 265, 267, 268, 269, 274, 294, 295, 296, 297, 298, 299, 300, 301, 302, 303, 304, 320, 321, 324, 325, 326, 331, 332, 333, 334, 335, 336, 337, 338, 339, 340, 341, 364, 365, 367, 368, 369, 370, 371, 372, 373, 374, 375, 376, 377, 378, 382, 383, 384, 385, 386, 387, 388, 399, 400, 401, 402, 403, 404, 405, 406, 407, 408, 412, 413, 414, 415, 416, 417, 418, 426, 428, 429, 430, 431, 432, 447, 453, 474, 480, 481, 485, 488, 490, 491.

Holzstiche (auch Stereotypie)

Nr. 185, 186, 187, 188, 189, 190, 191, 192, 193, 194, 266, 275, 276, 277, 278, 279, 280, 281, 282, 283, 284, 285, 286, 287, 288, 289, 290, 291, 292, 293, 305, 306, 307, 308, 309, 310, 311, 312, 313, 314, 315, 316, 317, 318, 319, 327, 342, 343, 344, 345, 346, 347, 348, 349, 350, 351, 352, 353, 354, 355, 359, 360, 361, 362, 366, 379, 380, 381, 396, 397, 398, 409, 410, 411, 419, 420, 421, 422, 423, 425, 427, 433, 434, 435, 436, 437, 438, 439, 440, 441, 442, 443, 444, 445, 446, 448, 449, 454, 455, 456, 457, 458, 459, 460, 461, 462, 463, 464, 465, 466, 467, 468, 469, 470, 471, 472, 473, 475, 476, 477, 478, 479, 482, 483, 484, 486, 487, 492, 493, 494, 495, 496, 497, 498, 504, 505, 506, 507, 508, 509, 510, 511, 512, 513, 514, 515, 516, 517, 518, 519, 520, 521, 522, 523, 524, 525, 526, 527, 528, 529, 530, 531, 532, 533, 534, 535, 536, 537, 538, 539, 540, 541, 542, 543, 544, 545, 546, 547, 548, 549, 550, 551, 552, 553, 554, 555.

INDEX

der Künstler, Illustratoren, Stecher, Drucker und Verleger

N.B. Die Nummern (falls nicht anders angegeben) beziehen sich auf die fortlaufende Numerierung der Illustrationen.

Acland Hugh Dyke, 140
Adam Victor, 76
Adler C., 367
Aglio Agostino, 73
d'Albert-Durande Louis François, S. 17
Alken S., 51
Amyot, 356, 357, 358
Anderson Eustace, 324, 325
Armytage J., 500
Arnout Jean-Baptiste, 370, 371, 372, 374, 375
Ashbee & Dangerfield, 364
Atkins Henry Martin, 160, 161, 162, 163, 164
Aubert Édouard, 356, 357, 358, 359, 360, 455
Auldjo John, 129, 130, 131, 132, 133, 134, 135, 136

Bachmann Hans, 432
Bacler d'Albe Louis-Albert-Ghislain, 20, 21, 31, 52, 53
Bakewell R., 75
Balduino Alessandro, 488, 489
Bance, 139
de Bar Alexandre, 305, 306, 308, 409, 410, 411, 422
Bareste, 305, 307, 308
Barnard George, 340, 473, 474
Barry Martin, 157, 158, 197, 198
Bartlett William Henry, 149, 150, 151, 152, 153, 154, 155, 156
Baumann F., 166, 167, 368, 369, 373, 376, 377
Baumann-Zürrer, 480
Baxter George, 270, 271, 272, 273
Baynes T.M., 74
Bayot Adolphe-Jean-Baptiste, 384, 388
Beaumont Albanis, 18, 19
Bècherat, 370, 371, 372, 374, 375
Bélanger Louis, 40, 41
Benard, 139
Benjamin E., 150
Bennet, 92
Benoist Félix, 384, 385, 386, 387, 388
Bertauts, 195
Bertotti P., 248, 249
Bertrand C., 465, 466, 467, 468, 469, 470, 471, 472
Best H., 349, 353, 355
Birmann Samuel, 79, 80, 81, 82, 83, 84, 121, 122, 123, 124, 125, 126, 127, 128
Bleuler Louis, p. 17
Bogne D., 274

Borgonio Giovanni Tommaso, 1
Bourrit Marc-Théodore, 5, 6, 7, 9, 10, 11, 14, 17, 34, 35, 58, 59, 60, 61
Briquet et DuBois, 499
Briquet et Fils, 244, 245, 412, 413, 414, 415, 416, 417, 418
Brockedon William, 137, 138, 363
Brooks Vincent, 331, 333, 334, 335, 336, 337, 338, 339
Browne T.D.H., 294, 295, 296, 297, 298, 299, 300, 301, 302, 303
Brugnot, 185, 192, 193
Bruner, 355
Buckle D., 151
Burck J., 268

Cadell T., 23
Cagnet, 309
Calame Alexandre, 191, 311, 475
Carrel Georges, 321
de Cattier, 202
Cauchy, 32, 33
Cenni, 425
Charpentier Henri, 384, 385, 386, 387, 388
Chavanne Étienne, 356, 357, 358
Ciceri Eugène, 378, 383, 386
Closs Adolf, 475
Cockburn James Pattison, 71, 73, 74, 169
Coignet Jules-Louis-Philippe, 85, 97, 101, 103, 104, 105, 106
Coleman Edmund T., 331, 332, 333, 334, 335, 336, 337, 338, 339
Collins William, 262
Cooke William Bernard, 154
Cooper James David, 354
Coppin F.D., 292, 293
Cougnard & Rey, 199
Coupil & Co., 378, 383
Cuff R.P., 499, 501
Cuvillier Armand, 223, 245, 412, 413, 414, 415, 416, 417, 418

Dandiran Frédéric-François, 165
Dangerfield Frederick, 491
Daubigny, 194
Davies S.T., 153
Day William, 141
Day & Haghe, 181, 182, 183, 184
Day & Son, 365
Delegorgue-Corner Jean-François-Gabriel, 32, 33
Deroy Isidore-Laurent, 250, 251, 252, 253, 254, 255, 256, 257, 258, 259, 260, 261
Deschamps M., 189
Dickenmann Johann-Rudolf, 389, 390, 391
Diday François, 199
Dido, 292
de Dion, 143

Dixon Charles-Thomas, 169
Doyen Fratelli, 269, 321, 382, 426, 428, 429, 453, 488, 490
Dubois Jean, 223, 224, 227, 239, 412, 413, 415, 417
Ducommun J.C., 328, 329, 330
Dufrain, 145, 146, 147, 148
Dunker, S. 14

Egerton, 107
Engelmann Godefroy, 71, 76, 117, 118, 119, 120, 224

Fálhein, 224
Falkeisen, 105
Fauche P.F., 41
Finden Edward Francis, 137, 140, 206
Fisher Bishop, S. 18
Fisher Samuel, 155
Fluniss (?) W., 204, 205
Forbes James David, 181, 182, 183, 184
Francillon Marc Chapuis, 39
Fregevize Edoard, 195
Frick Frères, 250, 252

Gaildrau Jules, 385, 386, 412
Gambart, Junin & C.o, 258
Gastaldi Andre, 269
Geissler C.G., 9, 10, 11
Gérard Louis-Auguste, 310
Gonin Francesco, 142
Goupil et C.ie, 267
Grand-Didier C., 488
Grandsire Pierre-Eugène, 352
Gruaz, 167
Grundmann, 77
Guérard Eugène, 267

Hackert Karl-Ludwig, 8, 12, 45
Haghe Louis, 181, 182, 183
Haimann Joseph, 382
Hall Sydney Prior, 449
Hanhart Michael, 326, 341
Harding James Duffield, 121, 122, 123, 124, 125, 126, 127, 128, 206
Hasler & C.ie, 201, 323
Hegui F., 65, 66
Hemei V., 188
Himely Sigismond, 86, 89, 94, 97, 100, 101, 102, 104, 190
Hirchenhein, 323
Hogard Henry, 268
Huber Hans, 247
Huber Johan Daniel, 39
Hugon de Nozeroy C., 196
Hullmandel Charles Joseph, 73, 74, 121, 122, 123, 124, 125, 126, 127, 128, 129, 130, 131, 132, 133, 134, 135, 136
Hullmandel & Walton, 263
Hurel, 446
Huyot Jules-Jean-Marie-Joseph, 465, 466, 467, 468, 469, 470, 471, 472

Inchbold John William, 203

Iuel, S. 18

Jackson M., 316
Jacom, 202
Jacomme et C.ie, 267
Jadin Louis-Godefroy, 289
Jattiot Charles, 309
Jeannin, 258
Joliet (Joliot) Auguste, 143, 144
Junck Jean, 142
Justine, 354

Knoedler M., 383
Kurz G.M., 451

Lacey S., 156
Ladner Théophile, 264, 265
Lamy J.P., 77
Lancelot Dieudonné Auguste, 288, 289, 290, 291
Lange G.G., 450, 451, 452
Lange Janet, 350
Laplante Charles, 513
Laterson, 486
Leighton B., 474
Leloir, 355
Lemercier Alfred-Léon, 196, 223, 244, 245, 246, 253, 255, 256, 258, 259, 260, 261, 370, 371, 372, 374, 375, 378, 383, 412, 413, 415, 416, 417, 418, 432
Lévêque Henri, 22, 29, 30
Linck Jean-Antoine, 42, 43, 44, 46, 47, 48, 49, 50
Linck Jean-Philippe, 62
Linton Henry Duff, 352
Linton William, 141
Longman, Hurst, Rees, Orme, & Brown, 75
Longman & C., 121, 122, 123, 124, 125, 126, 127, 128
Loppé Gabriel, 246, 370, 371, 372, 374, 375, 430
Lory Gabriel Ludwig, 66, 67, 91
Lory Mathias Gabriel, 64, 65, 68, 69, 70, 87, 88, 90, 92, 93, 94, 98, 107, 108
Lupton Thomas, 503

Mahoney James, 435, 436, 437
Malgo S., 40
Marc Auguste, 349, 351, 352
Marchand, 359, 360, 455
Margueron Frédéric, 368, 369, 373, 376, 377
Marietti Pietro, 142
Martel Pierre, 2
Masino di Mombello Ottavia, 78
Maurand Charles, 288
de Mechel Chrétien, 20, 24, 25, 26, 27, 31
Mensio L., 453
Merigot S., 41
de Meuron Maximilien, 89, 95, 96, 102
Meyer-Heine, 410
Mitchel E., 197, 198
Moitte A., 34, 35
Morison Douglas, 439
Moritz, 36
Müller Friedrich, 450
Müller Théodore, 28, 228, 229, 230, 231, 232, 233, 234, 235, 236, 237, 238, 241, 246, 475

Murray John, 263
Myers & Company, 367

Netherclift J., 160, 161, 162, 163, 164
Nicol G. & W., 41

d'Ostervald Jules-Frédéric, 85, 86, 87, 88, 89, 90, 91, 92, 93, 94, 95, 96, 97, 98, 99, 100, 101, 102, 103, 104, 105, 106, 107, 108, 109, 110

Page W., 206
Pahrens, 392, 393, 394, 395
Palmer W., 23
Pannemaker, 442, 444, 445
Pars W., 501
Perlet N., 36
Perrin J., 320, 430, 431
Perrot A.M., 72
Picken T., 184
Pictet M.A., 13
Pilet & Cougnard, 399, 400, 401
Pillement, 72
Pisan, 191
Ponssin et C., 304
Pontenter A., 290
Pozzi G., 243
Priestley & Weale, 87, 89, 94, 98, 107, 108
Prior T.A., 203

Quartley John, 194

Radclyffe William, 152
Reeve R.G., 87
Riou Edouard, 442, 443, 444, 445
Roger et C.ie, 165
Rohbock Ludwig, 451, 452
Rouargue Adolphe, 348, 366
Rouargue Frères, 168
Rouget François, 186, 381
Ruskin John, 498, 499, 500, 501, 502, 503, 504, 505, 506

Sabatier Léon-Jean-Baptiste, 202, 385, 387
Salathé Frédéric, 85, 88, 90, 93, 95, 96, 98, 99, 103, 106, 109, 110
Sargent Alfred-Louis, 409, 487
Sarony & Mayor, 204, 205
Schmid Johann, 172, 173, 174, 175, 176, 177, 178, 179, 180, 220, 221, 222
Schmuzer Jacob Xaver, 55, 56, 57
Sebrader, 487
Simon E., 268
Skelton Joseph, 439, 440, 441
Smith J., 51
Soulié, 91
Soullier & Wirt, 166, 167
Stagnoni Jacopo, 4
Stanghi V., 243
Strassberger Bruno Heinrich, 344

Tanner Johann Jakob, 201
Tempsky F., 481
Terry Henry John, 399, 400, 401
Terwen A.J., 452
Thales Fielding, 108

Tirpenne Jean-Louis, 196
Töpffer Adam, 15, 16, 17
Töpffer Rodolphe, 172, 173, 174, 175, 176, 177, 178, 179, 180, 185, 186, 187, 188, 189, 190, 192, 193, 194, 305, 306, 307, 308, 309, 310
Turner Joseph Mallord William, 63, 501
Turner Thomas, 324, 325

Vallino Domenico, 485
Vanlerberghe P., 40
Veith et Hauser, 165
Verhas Théodor, 197, 198
Villeneuve Jules-Louis-Frédéric, 76, 117, 118, 119, 120, 139
Viollet-le-Duc Eugène Emmanuel, 456, 457, 458, 459, 460, 461, 462, 463, 464
Virtue James Sprent, 203
Volck D., 157, 158

Wallis Robert, 149
Walther D., 73, 74
Walton Elijah, 402, 403, 404, 405, 406, 407, 408, 447
Walton W.L., 263
Weber Gottlieb Daniel Paul, 450
Weber Johann Jakob, 543, 544, 545, 546, 547, 548, 549, 550, 551, 552, 553, 554, 555
Weibel Charles, S. 18, 166, 167
Werner Johannes, 320, 430, 431
Westwood Charles, 138
Wexelberg, 14
Whymper Edward, 317, 342, 343, 346, 347, 398 (?), 424, 433, 434, 435, 436, 437, 438, 478, 497, 514, 515, 516, 517, 518, 519, 520, 521, 522, 523, 524, 525, 526, 527, 528, 529, 530, 531, 532, 533, 534, 535, 536, 537, 538, 539, 540, 541, 542
Whymper Josiah Wood, 317
Wild, 259, 260
Willmore James Tibbit, 363
Winterlin Anton, 201, 323
Witz Konrad, S. 15
Wocher Marquart, 24, 25, 26, 27

Zing A., 3

- 11 Vorbemerkung der Autoren
- 21 Die alten Stiche
- 361 Bibliographie
- 367 Illustratoren, Stecher, Verleger und Drucker
- 381 Verzeichnis der Techniken
- 383 Index der Künstler, Stecher, Verleger und Drucker